名鉄の支線・廃線

上巻（三河・知多編、瀬戸線）

1960年代〜90年代の思い出アルバム

生田 誠 著

◎豊田線　日進〜米野木　1989（平成元）年8月　撮影：寺澤秀樹

Contents

4章　廃線

西尾線と安城支線が分岐していた南安城駅の賑わい。西尾線と安城支線は1960（昭和35）年3月に1500Ｖへ昇圧し、右端のモ1080形が安城支線専用車となったが、この翌年7月に安城支線は廃止された。◎南安城　1960（昭和35）年9月1日　提供：名鉄資料館

名古屋鉄道の沿線案内図

【西尾鉄道案内（大正期）】

「西尾鉄道案内」のタイトルがついている、戦前の西尾鉄道時代の路線図である。国鉄の岡崎駅に近い岡崎新駅を起点として南に延びる路線（後の旧西尾線・廃止）は西尾駅へ至り、ここで吉良吉田、吉田港駅に向かう本線（後の現・西尾線の一部）と、港前駅に向かう支線（後の平坂支線）に分かれている。この時期、岡崎新駅と土呂（後の福岡町）駅との間には中間駅は存在していなかった。また、天王門駅は1928（昭和3）年10月、線路の移設により廃止されている。また、吉田港駅は1916（大正5）年に2月に開業し、天王門駅と同じ1928年10月に廃止された。所蔵：生田 誠

【愛知電鉄沿線御案内（昭和戦前期）】

愛知県西部に路線を延ばしていた愛知電気鉄道（愛電）の路線図であるが、愛電と同様に後に名鉄の一部となる三河鉄道、碧海電気鉄道や、現在はJR飯田線となっている豊川鉄道、鳳来寺鉄道などの路線についてもある程度詳しく記されている。一方、国鉄線（現・東海道本線）は細い線で描かれ、遠州鉄道の路線と比べても劣る扱いである。また、豊橋線（現在の名古屋本線）には1934（昭和9）年1月開業の小田渕駅（国府～伊奈間）が記されていないことがわかる。さらに知多半島を走る河和線を見ると1932（昭和7）年7月開業の河和口駅、1935（昭和10年）8月開業の河和駅に至る路線に違いがあることから、1932～33年（昭和7・8）頃に作成された地図と推定される。
所蔵：生田 誠

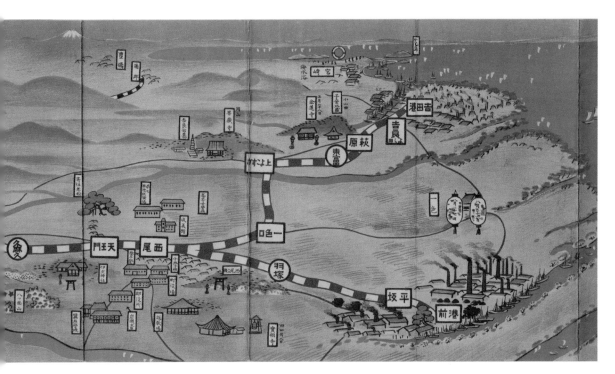

名古屋鉄道の沿線絵葉書 （所蔵・文　生田　誠）

【田原の市　昭和戦前期】
広い通りの両側に市が立ち、多くの人々が買い物をする夏の日の風景である。渥美半島の中心として栄えた田原町（現・田原市）は関東、三河方面から海路を経て伊勢神宮に向かう、田原街道（現・国道259号）が走り、農業とともに商業も盛んだった。

【内海川の河口　昭和戦前期】
内海川の河口の朝、船出する船が見える風景で、手前には内海町の家並、瓦屋根の日本家屋が並んでいる。現在は南知多町の一部となっている内海町は、江戸時代から海運業が盛んであった。内海町は1961（昭和36）年まで存在していた。

【福江町の市街　大正期】
1955（昭和30）年まで、渥美郡に存在していた福江町のメインストリート。地方ではまだ珍しかった2台の自動車が見える風景である。渥美半島の先端付近にあり、現在も鉄道路線はないが、幻となった国鉄線の建設、三河福江駅の設置計画もあった。

【吉田城　昭和戦前期】
吉田城は戦国時代の1505（永正2）年に今川氏親の家臣、牧野古白が築城している。江戸時代には松平氏が居城とし、吉田藩が置かれていた。明治維新後に吉田から豊橋へ改名されたことに伴い、豊橋城と呼ばれるようになり、陸軍歩兵第18連隊が駐屯していた。

【豊橋衛戍病院　大正期】
1908（明治41）年に創設された豊橋衛戍病院は、高師村（現・豊橋市）に置かれていた。1937（昭和12）年頃には豊橋陸軍病院と名称を改め、戦後は国立豊橋病院に変わった。現在は国立病院機構豊橋医療センターとなっている。

【吉田駅　昭和戦前期】
国鉄東海道本線の豊橋駅とともに、豊川鉄道（現・JR飯田線）、愛知電気鉄道（愛電）の吉田駅が見える豊橋市の玄関口、駅前の風景である。奥の小さな建物が吉田駅の駅舎だった。まだまだ人力車の数が多いが、自動車も登場し始めていた。

【安城町役場　昭和戦前期】
現在は愛知県で7番目の人口、約18万9千人を有する安城市。1906（明治39）年に安城村、里村、箕輪村などが合併して安城町が発足した後、1952（昭和27）年に市制を施行して安城市が成立した。これは安城町時代の町役場である。

【板倉農場　昭和戦前期】
「日本のデンマーク」と呼ばれて、わが国の農業をリードした安城町。スイカを出荷する板倉農場の絵葉書で、トラックに大きなスイカを積み込む風景である。現在の今池町にあった板倉農場では稲作のほかにスイカや梨、柿の栽培を行い、家畜も飼育していた。

【岡崎市街　昭和戦前期】
岡崎公園を舞台にして「国防と産業　日光の博覧会」が開催されていた頃（1935年）の岡崎市内の俯瞰である。三河地方の中心である岡崎市は、1916（大正5）年に市制を施行し、現在も名古屋市、豊田市に次ぐ愛知県第3位の人口、約38万6千人を誇る。

【岡崎・連尺通の電車
昭和戦前期】
岡崎市内の連尺通付近から南
側を見た風景である。中央を
通る現・愛知県道39号には、岡
崎電気軌道（後の名鉄岡崎市
内線）が走っていた。この鉄
道は1898（明治31）年に岡崎馬車
鉄道としてスタートし、1912（大
正元）年に路面電車に変わって
いる。

【殿橋を渡る電車　大正期】
乙川に架かる殿橋を渡っていく、
岡崎電気軌道（後の名鉄岡崎市
内線）の電車が見える。この当
時の殿橋は、人や車が通る道路
橋と電車専用線（単線）が分離さ
れていた。1927（昭和2）年に
新しい橋が誕生し、今度は橋の
中央を電車が通るようになる。

【明治用水水源地（拳母名所）
大正期】
明治時代に開削・通水が行われ
た明治用水は、西三河地方の農
業の発展に大きく貢献し、安城
市は「日本のデンマーク」と呼
ばれる農業王国となった。これ
は拳母町（現・豊田市）にあった
矢作川付近の水源地で、現在は
水源町の地名が誕生している。

【一色の海苔生産　大正期】
愛知県では幕末から海苔の養殖が開始され、明治時代には県下で広く生産が行われるようになった。これは、知多湾に面した現在の西尾市一色町にあった、三河一色衣浦漁業組合における海苔の生産風景で、女性たちの手により海苔の乾燥が行われている。

【三河一色大提灯まつり　大正期】
西尾市一色町の三河一色諏訪神社は、室町時代の永禄年間（1558〜70年）に信州（長野）の諏訪大社の分霊を受けて創建された。江戸初期、門前における提灯の献灯から始まったのが三河一色大提灯まつりで、毎年夏に大提灯が集合する壮観な景色が見られる。

【蒲郡ホテル　昭和戦前期】
1934（昭和9）年に蒲郡の料理旅館、常盤館の別館として誕生した蒲郡ホテルは、現在は蒲郡クラシックホテルとして営業を続けている日本の名門ホテルである。三河湾の竹島の対岸にある高台に建てられ、眺望の良さとともにつつじの名所としても知られている。

【蒲郡港　昭和戦前期】
豊橋港、田原港、西浦港と統合されて、三河港となっている蒲郡港、その昭和戦前期の風景である。現在、みなとオアシスがまごおりとして、三河湾の観光拠点ともなっている。1962（昭和37）年からは一時、名古屋〜鳥羽〜蒲郡間の水中翼船も運航されていた。

【新須磨海水浴場1　昭和戦前期】
昭和30年代後半まで存在した新須磨海水浴場は、名古屋市内から近い海水浴場として夏場には大いに賑わいを見せていた。これは海に突き出したビーチハウス（海の家）で、手前には海岸を歩く親子連れや、小舟の上に乗る子どもたちがいる。

【新須磨海水浴場2　昭和戦前期】
この新須磨海水浴場は、三河鉄道の時代から新須磨（現・碧南中央）駅が最寄り駅となっていた。この地の美しい海岸線には、埋め立てによって姿を消すまで、兵庫の須磨海岸にたとえられた松林の風景があり、多くの旅館、料亭、休憩所などが建ち並んでいた。

【新川の海苔採集　大正期】
三河線の新川町駅が置かれている新川町（現・碧南市）の海岸では、海苔の養殖が盛んだった。これはひびを使って海苔の養殖を行っている風景で、手前に小舟を浮かべて海苔を採取する女性の姿がある。

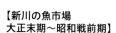

【新川の魚市場
大正末期～昭和戦前期】
漁師が乗っている舟が岸に横付けされており、セリ市のためか多くの仲買人が集まっている、新川町（現・碧南市）の魚市場の風景。高く積まれた木製のトロ箱がなつかしい。奥に見えるのは倉庫か。大正末期から昭和戦前期にかけての漁港の景色である。

【西尾町の市街　昭和戦前期】
「三河の小京都」と呼ばれる西尾町（現・市）のモダンな街並みである。右側に見える小間物店や佃煮を売る店も既に3階建ての洋館になっていた。この街の玄関口となる西尾駅は、西尾鉄道の前身である西三軌道により、1911（明治44）年10月に開業していた。

【大浜の港橋
大正末期～昭和戦前期】
大浜港（現・碧南）駅が置かれ
ていた、大浜町（現・碧南市）の
港付近に架かる港橋。日本家屋
の家並と和船の姿がある。大浜
港は南北朝時代から、この地方
の海運の要所として発達し、米、
酒、みりんなどの物資の集散地
としての大きな役割を果たして
いた。

【大浜の旅館・海月
大正末期～昭和戦前期】
大浜町（現・碧南市）の海岸付
近にあった高級旅館「海月」は、
旅館専用の桟橋を有しており、
舟遊びを行う顧客も多く、大い
に賑わっていたという。左手に
自動車、右手に人力車を配した
斬新な構図であり、館内には客
や女性（女中）の姿も見える。

【平坂港　昭和戦前期】
江戸時代から西尾藩の港として
栄えていた平坂港、倉庫が建ち
並ぶ風景と引き込み線を組み合
わせた絵葉書。西尾鉄道時代の
1914（大正3）年10月、平坂線
（後に支線）の西尾～平坂臨港
間が開業。貨物駅だった平坂臨
港駅は、間もなく港前駅に統合
された。

13

【常滑駅遠望　大正期】
この当時、伊勢湾は常滑駅のそばまで来ていたことがわかる絵葉書である。愛知電気鉄道が常滑線を開業して、常滑駅を開設したのは1913（大正2）年4月のこと。1両の電車、駅舎と人力車、人々が並ぶ風景がはるかに見えるが、駅付近に建物は少なかった。

【常滑港　大正期】
常滑港は江戸時代から、特産品として有名な陶磁器、常滑焼の積出港として栄えてきた。これは常滑焼の土管がぎっしりと並んでいる常滑港の風景である。現在は、常滑の観光名所「やきもの散歩道」として土管が並ぶ散歩道、土管坂が知られている。

【新舞子海水浴場　昭和戦前期】
「モダン海水浴場に美しき人魚の群」というタイトルが付けられている新舞子海水浴場。兵庫県の舞子海岸に似た風景であったことから、その名が付けられた。長く続いた2階建てのビーチハウス（海の家）、桟橋、高い塔など独特の風景が見られた。

【大野町・本町通り　昭和戦前期】
大野町（現・知多市）の本町通り
を歩く、はかま姿の女学生。奥
には自転車に乗った男性や子供
たちの姿も見える。愛知電気鉄
道（現・名鉄）の開通などで、賑
わいを見せていた街らしい風景
で、「大野新舞子　海水浴記念」
のスタンプが押されている。

【大野町駅　大正期】
上下ホームに車両の姿がある大
野町駅の風景で、ホームには乗
降客の一段が見える。大野町駅
は愛知電気鉄道時代の1912（明
治45）年2月に大野駅として開
業。当初は終着駅であったが、
翌年（1913年）に大野町駅と改
称し、常滑駅までの延伸が行わ
れた。

【瀬戸市街　昭和戦前期】
瀬戸焼の窯元が並んでいた瀬戸
市には、高い煙突をもった家並
が続いていた。戦前の1921（大
正10）年には、瀬戸町は名古屋、
豊橋、岡崎、一宮市に続く第5
位の人口を誇っていた。1929
（昭和4）年に市制を施行して、
瀬戸市が誕生している。

まえがき

　日本の民営鉄道として三番目の歴史をもつ名古屋鉄道（名鉄）には、名古屋本線以外にも多彩な路線が存在している。本書ではその中から、常滑線や三河線、西尾線、瀬戸線など11の路線と、既に廃止された拳母線、岡崎市内線など8つの路線の姿を豊富な写真、地図、絵葉書などで紹介するものである。

　現在、愛知県の東部に存在している現役路線は、ほとんどが名古屋本線から分岐するものであるが、中には瀬戸線のように本線とは切り離されて存在する路線もある。廃止線を含めたこれらの路線は、名鉄の長い歴史の中では、本線の東側のルーツとなった愛知電気鉄道のほかに三河鉄道、西尾鉄道、知多鉄道、瀬戸電気鉄道、碧海電気鉄道、岡崎電気軌道など、さまざまな地方鉄道が建設したものである。

　当時建設された路線には、現在は廃止されたものも含まれているが、こうした歴史を振り返ると、県庁所在地である名古屋市をはじめとして、岡崎市、豊橋市、豊田市といった愛知県内の主要都市やその他の市町村のほとんどに、名鉄の路線が張り巡らされていたことがわかる。地域の人々の足となり、物流を支えてきた個性あふれる鉄道路線の姿をお見せする本書において、手に取られた方々にできるだけ多くご覧いただきたいと願っている。

2020（令和2）年5月　生田 誠

◎三河線　新川町　1973（昭和48）年1月26日　提供：名鉄資料館

1章
三河地域

◎三河線　三河広瀬〜西中金　1998（平成10）年6月　撮影：寺澤秀樹

豊川線

路線DATA

起点：国府

終点：豊川稲荷

開業：1945（昭和20）年2月18日

　豊川市を走る名鉄豊川線は、名古屋本線と接続する国府駅とJR飯田線の豊川駅と連絡する豊川稲荷駅を結ぶ、全長7.2キロの路線である。全線が単線であり、途中駅として八幡駅、諏訪町駅、稲荷口駅の3駅が置かれている。

　歴史的に見れば、太平洋戦争末期に建設が始まったこの路線は当初、豊川市内線として当時存在した豊川海軍工廠へ物資や人員を輸送することが目的だった。1945（昭和20）年2月、国府～市役所前（現・諏訪町）間が軌道法により600V電化の軌道線として開業。1954（昭和29）年4月、市役所前～稲荷口間が延伸。同年12月に稲荷口～新豊川（現・豊川稲荷）間が延伸して、全線が開業し、豊川線となった。このとき、名古屋本線と飯田線（旧豊川鉄道）の間をつないでいた、伊奈～小坂井間の小坂井支線は廃止されている。現在は名古屋方面と豊川市内を結ぶ路線として、名古屋本線との間に直通運転が行われており、通勤・通学客が利用している。また、豊川稲荷への参詣客も多く、正月の初詣の際には利用客が大きく増加し、参詣路線と化す。

◎八幡駅

　1972（昭和47）年6月、八幡口駅、市田駅、諏訪新道駅を統合して新設されたのが八幡駅で、豊川市八幡町に置かれている。駅の北側に広がる八幡町には、宇佐八幡宮から勧請された八幡宮が鎮座しており、付近には三河国分寺跡も存在している。駅の南側には、豊川市民病院が存在する。現在の駅の構造は、島式ホーム1面2線を有する高架駅である。

　先に存在した3駅のうち、最も古いのは1945（昭和20）年2月、国府～市役所前（現・諏訪町）間が開業した際に開設された野口（後の市田）駅である。1946（昭和21）年6月、市田駅に改称し、現在の駅の東側に存在した。一方、西側には1948（昭和23）年10月、第二師範前駅が開業し、1949（昭和24）年12月に八幡口駅と改称した。また、第二師範前駅と同時

に開業した高等師範前駅は新道駅、諏訪新道駅と改称した後、1972年6月の3駅統合時に諏訪新道信号場と変わった。この他に国府駅の近くに白鳥駅が存在したが、1953（昭和28）年12月16日に廃止された。

◎諏訪町駅

　豊橋市内線が1945（昭和20）年2月、国府～市役所前（現・諏訪町）間で開通した際、終着駅の市役所前駅として開業している。1955（昭和30）年1月、現駅名の諏訪町駅に改称された。1983（昭和58）年12月、駅舎が改築され、構内踏切が廃止された。現在の駅の構造は単式1面1線の地上駅で、無人駅となっている。

　当初の駅名が示すように、駅の北側には豊川市役所が置かれている。また、豊川公園、豊川市中央図書館が存在し、陸上自衛隊豊川駐屯地、日本車輌製造豊川製作所が広がっている。戦前には豊川海軍工廠が存在した。

諏訪町駅。◎1987（昭和62）年4月　提供：名鉄資料館

◎稲荷口駅

　1954（昭和29）年4月、市役所前～稲荷口間の延伸時に開業した駅である。駅の所在地は豊川市駅前通3丁目で、駅名の「稲荷口」は北側に存在する豊川稲荷（豊川閣妙厳寺）から採られている。駅の構造は島式ホーム1面2線の地上駅で、無人駅となっている。また、駅の北で、豊川稲荷の西側には豊川高等学校（私立）が存在する。この学校は1882（明治15）年に豊川閣妙厳寺門子弟の教育機関として設立された豊川閣家庭学校が起源であり、戦後に高等学校と中学校になっている（中学は後に廃止）。

◎豊川稲荷駅

豊川線の終点駅である豊川稲荷駅は、1954（昭和29）年12月に新豊川駅として開業している。ここには、豊川鉄道（現・JR飯田線）が起終点駅として開設した豊川駅が置かれており、翌年の1955（昭和30）年5月には現在の駅名である「豊川稲荷」に改称している。西南から進んできた名鉄の豊川線は、JR豊川駅の西側に駅舎を置いている。現在の駅の構造は頭端式ホーム1面2線をもつ地上駅だが、2020（令和2）年2月から駅舎の改築工事が始まっている。この駅は毎年正月、北西に位置する豊川稲荷に向かう初詣の参拝客のために横に広い改札口を有していた。駅の東側には稲田神社が鎮座し、曹洞宗の寺院である三明寺（豊川弁財天）、三明公園が存在する。

豊川稲荷は正式には曹洞宗の寺院、円福山豊川閣妙厳寺であり、1441（嘉吉元）年、東海義易により創建されており、稲荷本殿には荼枳尼天（だきにてん）

が祀られている。現在は、江戸時代に赤坂にあった名奉行、大岡忠相の邸内に祀られた分霊が豊川稲荷東京別院となっており、東京でも多くの参詣客を集めている。

豊川稲荷駅。◎昭和30年代　提供：名鉄資料館

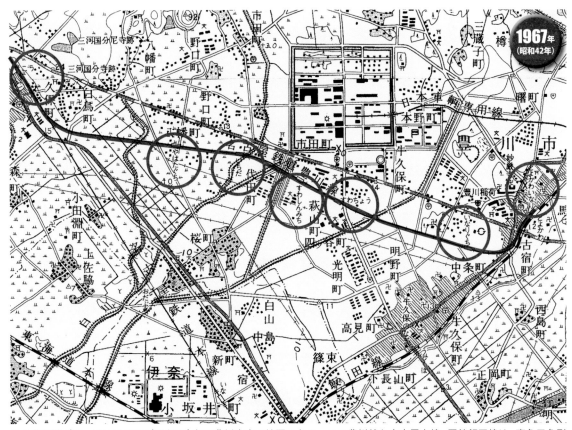

名鉄豊川線が通っている1967（昭和42）年の豊川市内の地図である。この豊川線と名古屋本線、国鉄飯田線は、直角三角形に似た形を作って走っており、左下（南西）には東海道本線の線路も見える。諏訪町駅の北側には日本車輌製造工場が存在し、右側（東側）から専用線が延びている。左上（北西）の三河国分寺跡から延びて、豊川線の北側を走っているのは「姫街道」と呼ばれる愛知県道5号線。この先に名鉄の豊川稲荷駅と、国鉄の豊川駅が並んで存在している。

名鉄豊川線は旧海軍の豊川海軍工廠（その跡地は日本車輛豊川製作所）への工員輸送のため戦時中に建設され、1945（昭和20）年2月に国府〜市役所前（現・諏訪町）まで開通し、1954年12月25日、新豊川（現・豊川稲荷）まで開通した。写真の101号は旧谷汲鉄道のポール集電の単車モ100形。◎市役所前（現・諏訪町）　1952（昭和27）年8月1日　撮影：荻原二郎

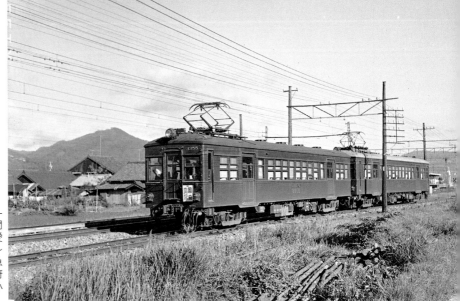

豊川線のモ3300形（モ3355-モ3305）の国府〜豊川稲荷間折返し電車。モ3300形は愛知電気鉄道の名車で神宮前〜吉田（現・豊橋）間を特急、急行として運行された。◎国府　1961（昭和36）年　撮影：小川峯生

豊川線を行く「いもむし」流線形モ3400の2両編成。豊川線は1954（昭和29）年4月に市役所前（現・諏訪町）〜稲荷口間が開通し、同年12月に新豊川（現・豊川稲荷）まで延伸した。◎豊川稲荷　1960（昭和35）年3月15日　撮影：小川峯生

国鉄（現・JR）飯田線豊川駅に隣接する豊川稲荷駅。ク2313先頭のグリーン塗装の普通岡崎行き。2両目は名岐鉄道の名車モ805。背後は旧豊川鉄道の本社があった国鉄豊川駅。飯田線ホームには横須賀線色のクモハ54が停車。画面右には貨物ホームが見える。◎豊川稲荷　1973（昭和48）年8月26日　撮影：安田就視

諏訪町（開業時は市役所前）を発車するスカーレット塗装の3850系2両（モ3857-ク2857）国府〜豊川稲荷間の線内折返し電車。豊川線は戦時中の1945年2月に国府〜諏訪町まで開通。3850系は1951（昭和26）年登場のもと特急車。この編成は車体が焼失したため、車体を新製した。◎諏訪町〜稲荷口　1984（昭和59）年6月　撮影：安田就視

西尾線

路線DATA

起点：新安城

終点：吉良吉田

開業：1915（大正4）年2月13日

　名鉄の西尾線は、名古屋本線と接続する新安城駅、蒲郡線と接続する吉良吉田駅の間を結ぶ24.7キロの路線で、起終点駅を含めて14の駅が存在する。西尾口〜西尾間、桜井〜南桜井間を除いた、ほとんどの区間が単線となっている。「西尾」の線名は、主要駅の西尾駅などが置かれている西尾市に由来しており、前身としての西尾鉄道が存在した。

　1911（明治44）年10月に西三軌道（後の西尾鉄道）が開業した岡崎新（後の岡崎駅前）〜西尾間が西尾線のルーツであるが、この区間は太平洋戦争中に休止、戦後に廃止されている。現存路線のうち、西尾駅から南側の路線は1912（明治45）年1月、社名変更した西尾鉄道が1915（大正4）年2月に西尾〜一色口（現・福地）間を開業し、3月に横須賀口（8月に廃止）駅、8月に吉良吉田駅まで延伸している。1916（大正5）年2月には吉良吉田〜吉田港間が開通しているが、この区間は1928（昭和3）年10月に廃止された。西尾鉄道は1926（大正15）年12月に愛知電気鉄道（愛電）と合併し、西尾線となっている。

　一方、西尾駅から北の路線は、1926年7月に碧海電気鉄道が今村（現・新安城）〜米津間を開通したことに始まる。1928（昭和3）年8月に米津〜（仮）碧電西尾口間、10月に（仮）碧電西尾口〜西尾間が延伸し、碧海電気鉄道は1500Vから600Vに降圧して（愛電）西尾線と直通運転を開始した。1944（昭和19）年3月、碧海電気鉄道が名古屋鉄道と合併し、西尾〜三河吉田（現・吉良吉田）間は一時、碧西線となっていた。碧西線は1948（昭和23）年5月に西尾線に変わる。

　西尾線の14駅は、北側の7駅が安城市、南側の7駅が西尾市に分かれて存在している。安城市は人口約18万8000人で、1952（昭和27）年に安城町が市制を施行して成立した。その後、明治村、依佐美村、岡崎市の一部を編入し、1967（昭和42）年に碧海郡桜井町を編入している。西尾市は人口約16万9000人で、1953（昭和28）年に西尾町と幡豆郡平坂町の一部が合併して市制を施行して成立している。その後、平坂町、福地村などを編入し、2011（平成23）年に一色町、吉良町、幡豆町を編入して現在のような市域となっている。

◎北安城駅

　新安城駅を出た西尾線は、すぐに本線から分かれて南に進んでゆく。やがて安城市体育館などがある安城総合運動公園の中を通過し、北安城駅に到着する。この北安城駅の南西には、東海道本線の安城駅があり、この駅の南に南安城駅が存在している。北安城駅は1926（大正15）年7月、碧海電気鉄道の駅として開業している。駅の構造は単式ホーム1面1線の地上駅（無人駅）で、ホームは4両編成の列車に対応している。特急は通過し、一部の急行と普通が停車する。

　安城市総合運動公園がある場所には戦前、愛知県立青年学校教員養成所があり、国立の愛知青年師範学校に変わった後、戦後は名古屋大学農学部の安城キャンパスとなっていた。1966（昭和41）年に名古屋大学農学部が東山キャンパスに移転し、跡地には陸上競技場、野球場、テニスコートなどが造られて、1972（昭和47）年に安城市総合運動公園が整備された。1979（昭和54）年には安城市体育館が完成した。

◎南安城駅

　南安城駅は1926（大正15）年7月、碧海電気鉄道の駅として開業している。1961（昭和36）年7月に駅舎が移転、1981（昭和56）年5月に高架化された。現在の駅の構造は相対式ホーム2面2線を有する高架駅となっている。特急、急行、普通のすべてが停車する。戦前から戦後にかけて、この南安城駅と国鉄（現・JR）の安城駅との間を結ぶ、安城支線が存在

南安城駅。◎1961（昭和36）年7月29日　提供：名鉄資料館

していたことがある。1939（昭和14）年12月、南安城〜新安城（後に安城）間の貨物支線として開業し、戦後の一時期は旅客営業も行っていたが、1961（昭和36）年7月に廃止された。

◎碧海古井駅

この碧海古井駅は、安城市古井町大久後に置かれている。碧海電気鉄道が開業して以来、かつて3駅存在した「碧海」を冠した駅のうち、ただひとつ駅名を改称しないままで残っている。駅の開業は1926（大正15）年7月。駅の構造は単式ホーム1面1線の地上駅（無人駅）で、ホームは4両編成の列車に対応している。特急は通過し、一部の急行と普通が停車する。駅のすぐ南側には、東海道新幹線が通っている。

◎堀内公園駅

堀内公園駅は1926（大正15）年7月、「碧海堀内」の駅名で開業している。2007（平成19）年11月に駅舎を改築し、2008（平成20）年6月に「堀内公園」に駅名を改称した。単式ホーム1面1線を有する地上駅で、戦後の1953（昭和28）年5月から無人駅となっている。ホームは4両編成の列車に対応しており、特急、急行は通過し、普通のみが停車する。

駅の東側に隣接して、駅名の由来となった堀内公園が存在する。この堀内公園は1992（平成4）年、安城市の市制40周年を記念して開園したもので、「花とみどりとメルヘンの里」をテーマにして、サイクルモノレール、メリーゴーランドや観覧車などの大型遊具が設置されている。

◎桜井駅

桜井駅は、1926（大正15）年7月、「碧海桜井」の駅名で開業。当時あった碧海郡桜井村の中心駅であり、桜井村は1956（昭和31）年に桜井町となり、1967（昭和42）年に安城市に編入された。2008（平成20）年6月に高架駅となり、駅名を「桜井」に改称している。現在の駅の構造は、相対式ホーム2面2線を有する高架駅となっており、6両編成の列車に対応している。高架駅となる前の地上駅時代には、ホーム間を結ぶ構内踏切が存在した。特急、急行、普通のすべての列車が停車する。

◎南桜井駅

この南桜井駅は、名鉄の中で一番新しい駅である。2008（平成20）年6月21日に南桜井信号所が開設され、29日に南桜井駅が開設された。桜井〜南桜井間は複線区間であり、この駅は相対式ホーム2面2線をもつ地上駅（無人駅）となっている。特急は通過し、急行、普通は停車する。この駅の所在地は安城市小川町水遣であり、駅の南西には、カーナビで世界的なシェアを誇るアイシン・エィ・ダブリュ社の本社があり、西側にはアイシン精機西尾工場（西尾市）、小川工場（安城市）も存在している。

碧海桜井駅。◎1960（昭和35）年3月26日　提供：名鉄資料館

◎米津駅

　南西に進む西尾線は、安城市と西尾市の境界を越えて、次の米津駅に至る。この米津駅からは西尾市の駅となり、西尾市米津町桜道に置かれている。西尾市の前身のひとつ、明治村にはかつて米津村が存在していた。米津駅は1926（大正15）年7月に開業している。現在の駅の構造は相対式ホーム2面2線をもつ地上駅（無人駅）となっている。駅の南側には矢作川が流れており、やがて衣ケ浦湾、知多湾に注ぐこととなる。名鉄西尾線の橋梁の下流には、米津大橋が架かっている。

米津駅。◎1960（昭和35）年3月　提供：名鉄資料館

◎桜町前駅

　この桜町前駅の北西には、愛知県立西尾高等学校が存在する。この学校は1926（大正15）年に開校した旧制西尾中学校が母体となっている。この最寄り駅の中学校前駅として、1928（昭和3）年8月に開業したのが、現在の桜町前駅である。戦後の学制改革で西尾高等学校が誕生したことで、1949（昭和24）年12月に現在の駅名に改称した。現在の駅の構造は単式ホーム1面1線の地上駅で、1967（昭和42）年に無人駅になった。駅の所在地は西尾市緑町4丁目で、西尾高校が置かれている一帯が西尾市桜町奥新田となっている。

◎西尾口駅

　西尾口駅は、隣の西尾駅とともに西尾市の市街地にあり、2つの駅の距離は0.8キロと短い。この駅は西尾線の前身となった、碧海電気鉄道（碧電）と愛知電気鉄道（愛電）の連絡駅として、それぞれ設置した歴史がある。1928（昭和3）年8月、碧電が碧電西尾口駅（仮駅）として開業。同年10月、愛電が現在地付近に西尾口駅（仮駅）を開業すると、碧電の駅は移転された。1929（昭和4）年4月、この仮駅は一時

廃止されるが、1930（昭和5）年4月に再開、愛電は西尾口駅、碧電は碧海西尾口駅となった。1935（昭和10）年8月、愛電は名鉄と合併し、太平洋戦争中に西尾口駅は休止。碧電も名鉄の一部となり、碧海西尾口駅は西尾口駅となった。現在の駅の構造は単式ホーム1面1線の高架駅（無人駅）で、1989（平成元）年7月に高架化された。西尾〜西尾口間（一部を除く）は複線化されている。

◎西尾駅

　西尾駅は、東側にある西尾市役所の最寄り駅となっている。西尾市は、鎌倉時代に三河国の守護となった足利義氏が築いたといわれる西尾城があり、子孫の吉良氏が支配していた。江戸時代には大給松平氏が治める西尾藩6万石の城下町となり、城は明治維新後に廃城となった。「三河の小京都」といわれる西尾市は、1953（昭和28）年に西尾市が成立して、現在の人口は約16万9000人となっている。

　西尾駅は、西尾鉄道の前身である西三軌道が1911（明治44）年10月に開業。愛知電気鉄道をへて、名鉄の西尾駅となった。1989（平成元）年7月に高架化され、現在は島式ホーム1面2線の高架駅となっている。駅の西側には、西尾コンベンションホールがあり、さらに西側には西尾公園、西尾市文化会館、西尾市資料館が置かれている。

西尾駅。◎昭和32〜33年頃　提供：名鉄資料館

◎福地駅

　福地駅は1915（大正4）年2月、西尾鉄道が開設した一色口駅がルーツとなっている。この「一色口」は、西尾市の南西部に存在した一色町の入り口という意味で、この南側には「一色町」の地名が広がっている。福地駅の所在地は、西尾市川口町松原である。戦後の1949（昭和24）年3月、福地駅に駅名を改称。現在の駅の構造は、相対式ホーム2面2線をもつ地上駅で、無人駅となっている。また、2006（平成18）年12月までは上横須賀との間に鎌谷駅が存

福地駅。◎1960（昭和35）年3月26日　提供：名鉄資料館

在していた。この鎌谷駅は1928（昭和3）年10月に開業し、約80年間営業していた。

◎上横須賀駅

福地駅を出た西尾線は、矢作古川を渡って次の上横須賀駅に到着する。開業当初には、この矢作古川の付近に横須賀口駅、花火駅が一時的な仮（設）駅として置かれたこともある。上横須賀駅は西尾鉄道時代の1915（大正4）年8月に開業した。駅の構造は相対式ホーム2面2線をもつ地上駅（無人駅）で、上下ホーム間は構内踏切で連絡している。次の吉良吉田駅との距離は4.2キロと長くなっているが、以前はこの中間に東富田駅、三河荻原駅が存在した。

上横須賀駅。◎1978（昭和53）年2月　提供：名鉄資料館

◎吉良吉田駅

上横須賀駅を出た西尾線は、東側を流れる矢崎川と接近しながら南に走り、やがて矢崎川が注ぐ三河湾の吉田港付近に吉良吉田駅が置かれている。この手前には一時、2つの駅が置かれており、東富田駅は太平洋戦争時中に休止（後に廃止）となり、南側の三河荻原駅は2006（平成18）年12月に廃止された。

吉良吉田駅は1915（大正4）年8月、西尾鉄道の

駅として開業している。この吉良吉田駅は現在、東側の西浦、蒲郡方面に向かう蒲郡線との接続駅となっている。かつては西側の一色町、平坂町を経由して碧南駅に至る三河線が存在した。また、三河線の終着駅となる三河吉田駅は1928（昭和3）年8月に開業。1942（昭和17）年12月、吉良吉田〜三河吉田間が開通した。この2カ月後の1943（昭和18）年2月、吉良吉田駅と三河吉田駅が統合されて、三河吉田駅となる。1960（昭和35）年11月、今度は吉良吉田駅に駅名を改称した。2004（平成16）年4月、三河線の吉良吉田〜碧南間が廃止されている。なお、蒲郡線は1929（昭和4）年8月、三河鉄道により三河吉田〜三河鳥羽間が開業している。現在の吉良吉田駅の構造は、変則的な3面3線のホーム（2〜4番線）をもつ地上駅で、2番線を蒲郡線、3・4番線を西尾線が使用している。旧三河線のホーム（1番線）は留置線として残されている。

吉良吉田駅は西尾鉄道により1915（大正4）年8月に開業。一方、1928（昭和3）年8月に三河鉄道により三河吉田駅が開業した。離れていた両駅は1943（昭和18）年2月に統合された。◎吉良吉田　1967（昭和42）年3月1日　撮影：荻原二郎

吉良吉田の西尾線ホームを発車する流線形3400系の新名古屋（現・名鉄名古屋）経由栄生行き。吉良吉田は駅舎を挟んで西尾、蒲郡線ホームと三河線ホームに分かれていた。◎吉良吉田　撮影：荻原二郎

矢作川鉄橋を渡る3900系新名古屋（現・名鉄名古屋）からの新安城経由西尾、蒲郡線直通の急行蒲郡行き。3900系は1952（昭和27）年登場の固定クロスシートの元特急車で堂々たる4両固定編成。◎米津〜桜町前　1983（昭和58）年8月23日　撮影：安田就視

中央の吉良吉田駅舎を挟んで、右が西尾線のホームで、左が三河線のホーム。蒲郡線は三河線（三河鉄道）の延長線として建設されたが、この当時は西尾線から直通運転されていた。◎吉良吉田　1973（昭和48）年2月10日　提供：名鉄資料館

7000系白帯車の晩年は支線直通特急がおもな活躍の舞台となった。ここの桜並木は今も健在で、毎年春には見事な花を咲かせてくれる。◎碧海桜井〜米津　1996（平成8）年4月　撮影：寺澤秀樹

7000系白帯車の完全置換えを目的に登場した1600系は2000系への試作的要素も盛り込まれていた。展望室を止めて前面貫通式とした外観は1000系とはまったく異なるものであったが、「パノラマSuper」の仲間として位置づけられていた。その後、特急政策の変更により、3両編成のうちク1600を廃車して残りのモ1700・サ1650には一部特別車仕様への改造が施され、1700系として再スタートを切った。近年、4編成のうち2編成が廃車されたが、残る2編成は現在も活躍中である。
◎米津〜桜町前　2004（平成16）年3月21日　撮影：寺澤秀樹

1380系は踏切事故で脱線大破した1034F編成のうち廃車を免れた一般車編成のモ1384に運転台取り付け改造を行って誕生した系列で、イメージとしては真っ赤な1200系といった感じだった。他車とは連結しない限定運用が組まれ、普通列車が主体の運用だったが、西尾線直通急行では急行幕を表示して走行する姿も見られた。◎新安城〜北安城　2009（平成21）年4月18日　撮影：寺澤秀樹

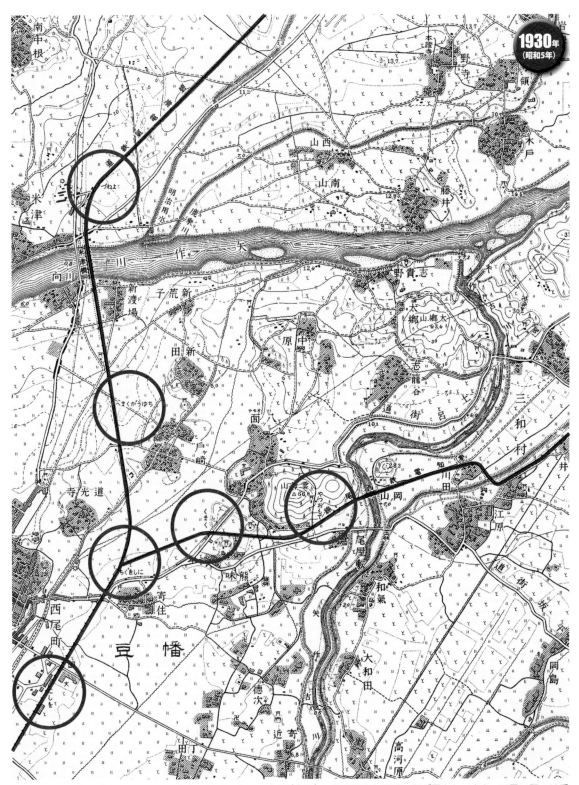

矢作川と矢作古川が流れている西尾市内の地図である。左下（南西）には西尾駅と西尾口駅が置かれており、西尾口駅では愛知電気鉄道西尾線（後に廃止）と碧海電気鉄道（名鉄西尾線）が分岐している。この当時は幡豆郡の西尾町、三和村が存在し、西尾市は1953（昭和28）年に西尾市になって、1955（昭和30）年に三和村を編入している。愛電西尾線には久麻久（くまく）、八ツ面（やつおもて）駅が存在していた。また、現・西尾線には中学前（現・桜町前）、米津駅が見える。

蒲郡線

路線DATA

起点：吉良吉田

終点：蒲郡

開業：1929（昭和4）年8月11日

蒲郡線は、西尾線と接続する吉良吉田駅からJR東海道本線と連絡する蒲郡駅まで、三河湾沿いに17.6キロ続いている路線である。所属する10駅のうち、西側の5駅は西尾市、東側の5駅は蒲郡市に位置している。

この蒲郡線は1929（昭和4）年8月、三河鉄道が三河吉田（現・吉良吉田）〜三河鳥羽間を開通したことに始まる。その後、1936（昭和11）年7月に三河鹿島駅まで、同年11月に蒲郡駅まで延伸して全線が開通したが、当初は三河鳥羽〜蒲郡間は非電化で、三河鳥羽駅での乗り換えが必要だった。1941（昭和16）年6月、三河鉄道と名鉄が合併して、この三河吉田〜蒲郡間は三河線の一部となり、1948（昭和23）年5月に現在のような蒲郡線となった。

三河吉田駅、西浦駅などが存在する西尾市は、現在の人口が約20万人を数える。1953（昭和28）年に成立した西尾市は、翌年に平坂町、寺津町、福地村、室場村、1955（昭和30）年に三和村などを編入し、市域を広げていった。さらに2011（平成23）年、一色町、吉良町、幡豆町を編入し、現在のような広域の市となった。特産品として、抹茶・碾茶で知られる西尾茶があり、コチョウランや洋ランの生産も全国有数である。1月に開催される奇祭として有名なてんてこ祭、7月に開催される西尾祇園祭、8月の三河一色大提灯まつりなど、ユニークな祭礼があることでも知られている。

一方、三河湾に面した観光都市として知られる蒲郡市は、人口約7万9000人。現在の蒲郡市のルーツは1878（明治11）年、蒲形村と西之郡村が合併し、両村の「蒲」と「郡」を合わせた蒲郡村となったことである。1889（明治22）年、府相村などと合併した後、1891（明治24）年に町制を施行し、蒲郡町となった。さらに市域を広げた後、1954（昭和29）年に蒲郡町と三谷町、塩津村が合併して市制を施行し、蒲郡市が誕生した。この蒲郡市には、竹島水族館や蒲郡競艇場、三谷温泉や西浦温泉といったレジャー施設が

あり、料理旅館の「常磐館」や「蒲郡クラシックホテル」といった存在により、全国的に有名な観光地となってきた。また、温暖な気候を生かした蒲郡みかんも特産品として名高い。

蒲郡市の玄関口となっている蒲郡駅は1888（明治21）年9月、官設鉄道（現・東海道本線）の大府〜浜松間の開通時に開業している。現在は、JR東海道本線の南側に名鉄蒲郡線のホームがある。高架駅となっていて、両線の駅舎は南北自由通路で結ばれている。

◎三河鳥羽駅

三河鳥羽駅は1929（昭和4）年8月、三河鉄道時代に開業している。かつては、三河吉田駅との間に宮崎口駅が存在した。この宮崎口駅は当初、宮崎口停留所として開設され、1935（昭和10）年1月に駅に昇格したが、1944（昭和19）年に休止、戦後に廃止されている。この駅の南側には「宮崎の湯」と呼ばれた吉良温泉、吉良海水浴場が存在している。そのため、三河鳥羽〜三河吉田間の距離は3.2キロとやや長くなっている。三河鳥羽駅は、相対式ホーム2面2線を有する地上駅である。

三河吉田駅と三河鳥羽駅の中間付近、蒲郡線の南側には、1936（昭和11）年に国の史跡に指定された、正法寺古墳が存在する。曹洞宗の寺院、医王山正法寺の北西にある古墳時代（4〜5世紀）の前方後円墳で、西尾市（吉良町）により調査・整備事業が進められている。また、蒲郡線の北側には、吉良カントリークラブが広がっている。

◎西幡豆駅

かつて、三河国に置かれていた幡豆郡、幡豆町の名前を受け継ぐ2駅のうちのひとつ。明治時代にももともとあった西幡豆村など3村が統合して幡豆村となり、さらに東幡豆村と合併した後、1928（昭和3）年に幡豆町となって、2011（平成23）年まで存在した。この西幡豆駅は、西尾市西幡豆町中屋敷に置かれている。

西幡豆駅は、三河鉄道時代の1936（昭和11）年7月に開業している。現在の駅の構造は島式ホーム1面2線の地上駅で、無人駅となっている。駅舎は北側に存在している。

◎東幡豆駅

　東幡豆駅は、三河鉄道時代の1936（昭和11）年7月に開業している。現在の駅の構造は島式ホーム1面2線の地上駅で、1998（平成10）年6月から、無人駅となっている。駅舎は北側に存在している。

　この東幡豆駅の南側には東幡豆港があり、沖合に浮かぶ前島（うさぎ島）、沖島（猿が島）に観光船が運航されていた。2つの島はともに無人島で、猿とうさぎが放し飼いにされ、観光客で賑わっていた。1997（平成9）年に観光船が廃止となり、現在は潮干狩りのシーズンに漁協が運行する船で島を訪れることができる。

東幡豆駅。◎1977（昭和52）年4月　提供：名鉄資料館

◎こどもの国駅

　西尾市最後の駅は遊園地の玄関口となっている、こどもの国駅である。1936（昭和11）年7月に開業した際は「洲崎」の駅名で、太平洋戦争中には一時、休止していた時代がある。1952（昭和27）年10月、駅舎を移転して営業を再開。1974（昭和49）年10月に「愛知こどもの国」が開園したことを受けて、現在地に移転し、1976（昭和51）年10月に現在の駅名に改称した。

　こどもの国駅の構造は単式ホーム1面1線の高架駅で、かつて存在した三角屋根の駅舎は撤去された。移転する前の洲崎駅は、400メートルほど西側に存在した。

◎西浦駅

　「東海の熱海」といわれてきた西浦温泉の玄関口となっているのが、蒲郡線の西浦駅である。西浦半島の付け根に位置しており、蒲郡市の西端の駅でもある。1936（昭和11）年7月に開業した際は宝飯郡西浦村にあり、この西浦村は1963（昭和38）年に蒲郡市に編入されている。西浦駅の構造は、島式ホーム1面2線を有する地上駅で、駅舎は線路の東側に

こどもの国駅。◎1981（昭和56）年3月　提供：名鉄資料館

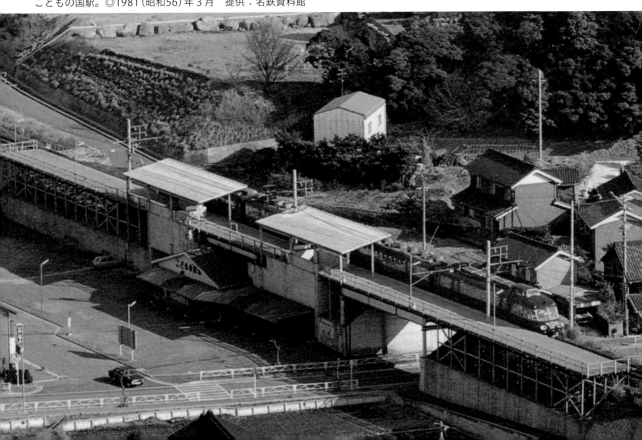

置かれている。

西浦温泉の歴史は比較的新しく、戦後の1953（昭和28）年の開湯である。西浦半島の先端に位置し、高台にかけてホテル、温泉旅館が建ち並び、絶好の海景が臨める。また、北西には名鉄西浦マリーナ、西浦シーサイドマリーナがあり、マリンスポーツも楽しむことができる。また、古い歴史にふれることができる「万葉の小径」「俳句の道」が整備されている。

西浦駅。◎1982（昭和57）年11月　提供：名鉄資料館

◎形原駅

形原駅は1936（昭和11）年7月に仮駅として開業し、翌年9月に現在地に移転し、正式な駅となった。1987（昭和62）年8月、旧駅舎が火災で焼失し、1988（昭和63）年9月に現在の駅舎が使用されるようになった。駅の構造は相対式ホーム2面2線を有する地上駅である。形原温泉、形原漁港の最寄り駅である。

駅の所在地は蒲郡市形原町御嶽で、以前は宝飯郡形原町に存在した。その歴史をさかのぼれば、1889（明治22）年に形原村、金平村、一色村が合併して成立した形原村が、1924（大正13）年に町制を施行し、形原町が成立した。この形原町は1962（昭和37）年に蒲郡市に編入されて廃止された。

形原駅。◎昭和47年頃　提供：名鉄資料館

◎三河鹿島駅

1936（昭和11）年7月に開業した三河鹿島駅。以前は島式ホーム1面2線であったが、1961（昭和36）年11月に単式ホーム1面1線の構造に変わった。地上駅であり、ホームの長さは2両編成の列車にしか対応していない。

この三河鹿島駅と蒲郡駅の間には、現在の蒲郡競艇場前駅のほかにも、複数の中間駅が存在した歴史がある。竹谷駅と江畑駅は統合されて塩津駅となり、その後に捨石駅と統合されて、蒲郡競艇場前駅になった。なお、捨石駅は戦前の1936年11月、竹谷駅は1937（昭和12）年3月、江畑駅は1937年5月の開業である。太平洋戦争中の1944（昭和19）年に竹谷、江畑駅が休止され、1953（昭和28）年1月に塩津駅が誕生。1968（昭和43）年10月まで存在した。

◎蒲郡競艇場前駅

蒲郡競艇場前駅は、1968（昭和43）年10月、塩津駅と捨石駅を統合する形で開業している。文字通り

1949年（昭和24年）

東側に存在する蒲郡競艇場の最寄り駅であり、当時は国鉄（現・JR）の東海道本線に駅が設置されていなかったため、ボートレース（競艇）場に通う多くのファンが利用してきた。その後、1988（昭和63）年11月、名鉄駅北側の東海道本線上に三河塩津駅が開業した。同年9月、蒲郡競艇場前駅はホームを西側に移設し、JR駅と跨線橋を共用することとなった。蒲郡競艇場前駅の構造は単式ホーム1面1線の地上駅。一方、三河塩津駅は相対式ホーム2面2線の地上駅で、橋上駅舎を有している。

◎蒲郡駅

　名鉄蒲郡線の終着駅は、線名にもなっている蒲郡駅で、JR東海道本線と連絡している。当然ながら駅の開業はJR駅が早く、1888（明治21）年9月である。現在のJR蒲郡駅の構造は、島式ホーム2面4線の高架駅である。一方、1936（昭和11）年7月に開業した名鉄の蒲郡駅は島式ホーム1面2線の高架駅である。北側にJR駅、南側に名鉄駅が存在し、南北に駅前広場を備えている。北側には地下街が存在するが、

人口10万人以下の都市で地下街が存在するのは、この蒲郡（人口7万9000人）だけである。

蒲郡駅。◎1964（昭和39）年　提供：名鉄資料館

三河湾に沿って走る名鉄の蒲郡線。最も西側の駅は宮崎口駅で、三河鳥羽駅、西幡豆駅・・と続いていく。宮崎口駅は、南側の宮崎海岸（宮崎海水浴場）の玄関口として、1929（昭和4）年8月、三河鉄道が停留所を開設し、1935（昭和10）年1月に駅となったが、太平洋戦争中の1944（昭和19）年に休止され、戦後に廃止された。この時期、現在のこどもの国駅はまだ復活していない。この駅は戦前に存在した洲崎駅を1952（昭和27）年10月に移転させ、復活したものである。

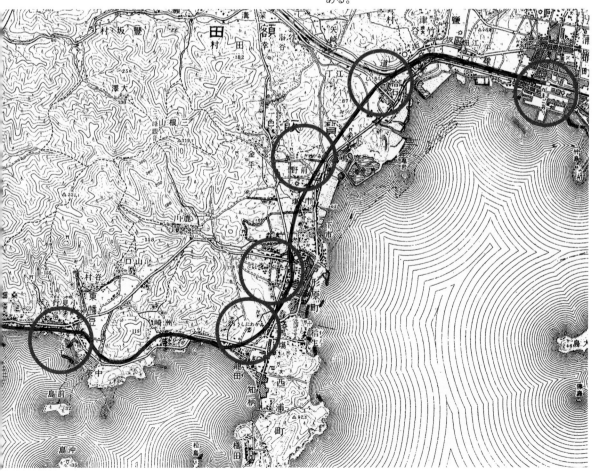

西浦付近の海岸を走る大正生まれの電車 3 両モ1000・1030・1020形 + 気動車改造
の制御車ク2060形の 4 連。蒲郡線600Ｖ時代は古典的電車が活躍した。この直後、
7 月12日に1500Ｖに昇圧された。
◎西浦〜洲崎（現・こどもの国）　1959（昭和34）年 7 月 2 日　提供：名鉄資料館

1936（昭和11）年7月、三河鉄道により開業。開通時は三河鳥羽〜蒲郡間が非電化でガソリンカー（一部は蒸気機関車）で運行されたが、戦時中は燃料統制でガソリンカーは代燃車（木炭）に改造された。1946年10月に三河鳥羽〜東幡豆間が電化され、翌年4月には蒲郡まで電化が完了した。◎西幡豆　1968（昭和43）年4月5日　撮影：荻原二郎

東幡豆の木造駅舎。現在は無人化されているが木造駅舎は残っている。名鉄は古い駅舎があまり残っていないので貴重である。
◎東幡豆　1968（昭和43）年4月5日　撮影：荻原二郎

国鉄蒲郡駅舎。名鉄の蒲郡駅は写真と反対側にあり1972（昭和47）年に高架化。国鉄と名鉄の中間改札はなかったが2005年のJR高架完成時に分離された。◎蒲郡　撮影：山田虎雄

地上駅時代の蒲郡に停車中の特急。国鉄との共同使用駅で跨線橋でつながり、北側に立派な国鉄駅舎があり、南側に名鉄の駅舎があった。◎蒲郡　1969（昭和44）年　提供：名鉄資料館

単線の蒲郡線を行く5000系の新名古屋（現・名鉄名古屋）経由弥富行き特急。1955年登場の5000系はパノラマカー登場後は支線直通特急にも使用された。1967〜68年にストロークリームにスカーレット帯の新塗装にになったが数年後にスカーレット一色になった。◎東幡豆〜西幡豆　1968（昭和43）年4月5日　撮影：荻原二郎

1936（昭和11）年7月に開業した東幡豆駅。海水浴場があり夏はにぎわった。海上の無人島の前島（うさぎ島）、沖島（猿が島）はそれぞれうさぎ、猿が放し飼いされ名鉄観光汽船で結ばれ、東幡豆駅も行楽客でにぎわったが、現在は閑散としている。
◎東幡豆　撮影：山田虎雄

もと名岐鉄道の特急車に使用されていた800形801。
◎吉良吉田　1965（昭和40）年5月　撮影：清水 武

高架化された直後の蒲郡駅。国鉄の駅は地上のままだが、名鉄の駅は高架化された。JR・名鉄蒲郡駅全体が高架化されたのは30年以上後の2005（平成17）年で、その際、改札口が分離された。高架化前の東海道本線を行くのは、当時最盛期の自動車輸送列車。◎蒲郡　1972（昭和47）年　提供：名鉄資料館

定期運用を離脱した後の3400系は、引退までの間、団体臨時列車として様々な線区に入線した。この日は「三河路号」の系統板を掲出して蒲郡線を走行した。◎こどもの国〜西浦　2001（平成13）年11月3日　撮影：寺澤秀樹

三河湾に程近い吉良吉田近辺は磯の香りが漂う。1998年10月、蒲郡線のワンマン化に際して一部の6000系に改造が実施された。この頃の6000系は3500系に合わせてドアの上半分がグレーに塗られていた。◎吉良吉田〜三河鳥羽　2004（平成16）年10月17日　撮影：寺澤秀樹

三河湾と西浦半島を背景にパノラマカーが走る。この当時は三河湾の観光地を巡る観光客のため、名古屋からの直通特急も走り、蒲郡線にも活気があった。◎東幡豆～洲崎（現・こどもの国）昭和40年代　提供：名鉄資料館

1972（昭和47）年に高架化された名鉄蒲郡駅。3800系2両編成（ク2827-モ3827）が停車中。正面が高運転台化されている。この電車は折返し新安城行きになる。画面右は名鉄の駅ビル、左は当時地平だった国鉄（現・JR）蒲郡駅。当時は国鉄、名鉄間に中間改札がなかった。◎蒲郡　1984（昭和59）年6月4日　撮影：安田就視

3850系2両（ク2854-モ3854）の普通新安城行き。東海道本線と平行した区間で架線柱が見える。3850系も、もと特急車でSR車（5000、5500、7000系など）登場後は支線の急行、普通に使用された。
◎蒲郡競艇場前～三河鹿島　1973（昭和48）年8月27日　撮影：安田就視

三河線

路線DATA

起点：猿投

終点：碧南

開業：1914（大正3）年2月5日

　三河線は、名古屋本線の知立駅からほぼ南北に延びる路線で、全長39.8キロと名鉄路線の中では名古屋本線に続く長さである。現在は、知立駅の配線がスイッチバックとなっているため、豊田市の猿投駅に至る山線、碧南市の碧南駅に至る海線に分かれて、別々に駅ナンバリング（MY・MU）がなされている。山線の駅は知立駅、三河知立駅を除いて豊田市内にあり、海線は知立市から刈谷市、高浜市をへて碧南市に至る。

　この路線を建設したのは名鉄の前身のひとつ、三河鉄道である。1914（大正3）年2月、海線の刈谷新（現・刈谷）～大浜港（現・碧南）間が開通。1915（大正4）年10月、知立（初代）～刈谷新間が開通し、現在の海線のルートが完成した。一方、山線は1920（大正9）年に路線が次第に延ばされ、7月に知立（初代）～土橋間、8月に土橋～上拳母間、11月に上拳母～拳母（現・豊田市）間が開通した。1922（大正11）年1月に拳母～越戸間、1924（大正13）年10月に越戸～猿投間が延伸して、現在の山線のルートも完成した。その後、山線はさらに西中金駅まで、海線は三河吉田（現・吉良吉田）駅まで延伸を果たすが、その後に廃止されている。また、三河吉田駅から蒲郡駅に至る路線も建設されたが、この区間は1948（昭和23）年5月に蒲郡線として分離された。山線、海線を合わせた猿投～大浜港間は、1926（大正15）年2月に全線が電化されている。

　山線が走る豊田市は人口約42万4000人。日本を代表する工業都市であり、世界的な自動車メーカー、トヨタ自動車の本社がある街として知られている。もともと、このあたりは江戸時代に拳母藩があった場所で、1951（昭和26）年に拳母町が市制を施行して拳母市が成立した。1959（昭和34）年に豊田市に名称を変更している。北東に延びる三河線（山線）は、上拳母駅付近からは矢作川に沿う形で進んでゆく。

　知立市は人口約7万1000人。江戸時代には、東海道の宿場、池鯉鮒宿が栄えていた場所である。1970

（昭和45）年に知立町が市制を施行して成立した。それ以前には知立村、八ツ橋村、上重原村などが存在し、これらの村名が名鉄の駅の由来となっている。刈谷市は三河国の西端に位置しており、三河線の駅が連絡する刈谷駅を中心としたJR東海道本線の4駅が置かれている。人口は約15万3000人。1950（昭和25）年に刈谷町が市制を施行して成立した。

　高浜市は1906（明治39）年、高浜町と吉浜村、高取村が合併して現在のような形となり、この高浜町が1970年に市制を施行して高浜市が誕生している。人口は約4万8000人、「三州瓦」の生産地として知られる窯業が盛んな街である。また、碧南市は1948（昭和23）年、碧海郡の大浜町、新川町、棚尾村、旭村が合併して市制を施行して成立している。碧南市役所の最寄り駅となっている碧南中央駅は、長く「新須磨」の駅名を名乗っていたが、この「新須磨」は兵庫県の須磨海岸を彷彿とさせる海岸があり、海水浴場として有名な場所だった。現在の碧南市の人口は約7万2000人である。

◎猿投駅

　猿投駅は現在の三河線の終着駅であるが、かつては西中金駅までの路線が続いていた。猿投駅は1924（大正13）年10月に開業し、1927（昭和2）年8月に枝下駅、1928（昭和3）年1月に西中金駅まで延伸している。1979（昭和54）年6月に豊田新線（現・豊田線）の開業に備え、猿投検車区（現・支区）が誕生し、1993（平成5）年9月に三代目駅舎が竣工した。現在の駅の構造は島式ホーム1面2線を有する地上駅である。駅の北側には豊田市運動公園（猿投公園）が開園しており、野球場、陸上競技場、体育館などが存在する。この駅の少し離れた北側は豊田市猿投町で、猿投神社が鎮座している。なお、猿投町

猿投駅。◎昭和48年頃　提供：名鉄資料館

は名古屋市北区にも存在している。

◎平戸橋駅

三河線の終着駅である猿投駅と越戸駅との間の区間は、S字形の路線となっている。その真ん中に置かれているのが平戸橋駅である。駅の名前は、飯田街道(国道153号)が矢作川を渡る平戸橋に由来している。平戸橋駅は1924(大正13)年10月、三河鉄道の駅として開業。現在の駅の構造は単式1面1線の地上駅(無人駅)となっている。この駅の北側には、豊田市民芸の森が広がっている。豊田市民芸の森は、古陶磁研究家として知られた本多静雄の屋敷跡で、ここには茶室や田舎家などが点在し、緑の中を散策が楽しめる。また、1983(昭和58)年に開館した豊田市民芸館があり、「衣・食・住」をテーマに展示する3つの民芸館、陶芸資料館が存在している。

◎越戸駅

矢作川の流れと飯田街道に沿って、北東に進んでゆく三河線のうち、この越戸駅は豊田市越戸町に置かれている。1922(大正11)年1月、三河鉄道の駅として開業。1999(平成11)年7月に高架化され、現在は相対式ホーム2面2線をもつ高架駅(無人駅)となっている。かつて、この越戸駅付近には珪砂や粘土を産出する越戸鉱山があり、トロッコ線が引かれていた。

越戸駅。◎1973(昭和48)年5月8日　提供：名鉄資料館

◎梅坪駅

梅坪駅は1923(大正12)年10月、三河鉄道の駅とした開業市、駅の所在地は豊田市梅坪7丁目で、地名をそのまま駅名としている。1979(昭和54)年3月、高架化に伴って現在地に移転し、同年7月に豊田新(現・豊田)線が開通し、接続駅となった。現在の駅の構造は島式ホーム1面2線の高架駅で、無人駅となっている。北側には、愛知環状鉄道線の愛環梅坪駅が置かれている。この愛環梅坪駅は2005(平成17)年3月に開業している。また、少し離れた西側には、国立高等専門学校機構豊田工業高等専門学

梅坪駅。◎昭和48年頃　提供：名鉄資料館

校(豊田高専)がある。

◎豊田市駅

三河線の豊田市駅は、西側に位置する愛知環状鉄道線の新豊田駅とともに、人口約42万4000人の豊田市における玄関口の役割を果たしている。豊田市駅と新豊田駅は、ペデストリアンデッキで結ばれている。駅の南側、三河線の線路沿いに豊田市役所が置かれている。駅の南西、愛知環状鉄道線の線路沿いには豊田市美術館があり、街の新しい観光名所となっている。

豊田市駅は1920(大正9)年11月、三河鉄道の拳母駅として開業し、1959(昭和34)年10月に現在の駅名に改称した。以前は駅ビル「トヨビル」が存在したが、1985(昭和60)年11月、現在のような高架駅となり、三河線の上拳母～梅坪間が高架化された。1998(平成10)年6月、駅はリニューアルされている。駅の構造は単式、島式ホームを組み合わせた2面3線の高架駅で、三河線の中で最も乗降客数が多い駅となっている。

連絡する愛知環状鉄道線の新豊田駅は1976(昭和51)年4月、国鉄(現・JR)岡多線の駅として開業し、1988(昭和63)年1月、第三セクターの愛知環状鉄道の駅に変わった。1991(平成3)年10月に駅舎が

豊田市駅。◎1960(昭和35)年　提供：名鉄資料館

改築され、現在は相対式ホーム２面２線をもつ高架駅となっている。また、当駅はサッカーやラグビーなどの試合に使用される豊田スタジアムの最寄り駅である。

◎上拳母駅

豊田市の前名である「拳母」の名称を残す「上拳母」の名をもつこの駅は、1973（昭和48）年３月までは拳母線との接続駅だった。現在は、駅の西側に愛知環状鉄道線の新上拳母駅が誕生している。上拳母駅の歴史は、1920（大正９）年８月に三河鉄道の駅として開業したことに始まる。1929（昭和４）年12月には岡崎（後に拳母）線が開業すると接続駅になり、1973（昭和48）年３月に上拳母〜大樹寺間の拳母線は廃止された。現在の上拳母駅の構造は島式ホーム１面２線の地上駅で、無人駅となっている。

◎土橋駅

この土橋駅と竹村駅との間で、三河線は東名高速道路と立体交差し、土橋駅の北西には豊田インターチェンジが置かれている。この東名高速道路は、土橋駅の南東に上郷サービスエリアがあり、さらに愛知環状鉄道線を越えた場所には、伊勢湾岸自動車道と接続する豊田ジャンクションが存在する。1920（大正９）年７月に開業した土橋駅は、2010（平成22）年３月に駅舎が改築され、現在の駅舎は四代目の橋上駅舎となっている。単式、島式ホームを組み合わせた２面３線の構造で、駅員も配置されている。駅の北側にはトヨタ自動車元町工場があり、かつてはこの元町工場に向かう専用線も存在した。

土橋駅。◎1981（昭和56）年　提供：名鉄資料館

◎竹村駅

竹村駅は豊田市竹町に置かれているが、「竹村」の駅名はこの地に存在した碧海郡の竹村に由来している。この竹村は、1965（昭和40）年に豊田市に編入された高岡町（村）の前身のひとつとして、1906（明治39）年まで存在していた。竹村駅は、1920（大正９）年７月に開業している。現在の駅の構造は、島式ホー

ム１面２線をもつ地上駅で、無人駅となっている。

◎若林駅

逢妻男川が流れる豊田市若林東町に置かれている若林駅。1920（大正９）年７月に開業したこの若林駅は現在、島式ホーム１面２線をもつ地上駅であるが、将来の高架化に向けた工事が行われている。この駅の南東にあたる同じ若林東町内には、県立豊田南高等学校が置かれている。この学校は1980（昭和55）年に開校した比較的新しい学校で、カヌーなどの部活動でも活躍している。

◎三河八橋駅

この三河八橋駅の所在地は豊田市花園町五反田であるが、知立市との境界付近に位置しており、逢妻男川を挟んだ南側は知立市八橋町となっている。「八橋」の駅名は、この地名に由来しており、「八橋」はかきつばたの名所として有名で、現在も八橋かきつばた園がある。ここには平安時代の歌人で、「六歌仙」のひとりである、在原業平にゆかりの寺院、臨済宗妙心寺派の八橋山無量寿寺が存在し、毎年4、5月には史跡八橋かきつばたまつりが開催されている。

三河八橋駅は1920（大正９）年７月に開業している。2009（平成21）年12月、この三河八橋駅を含む約1.6キロの区間が高架化された。現在の駅の構造は島式ホーム１面２線をもつ高架駅となっている。駅の南側を流れる逢妻男川は、同じく豊田市内を流れる逢妻女川と合流して逢妻川となって衣浦湾に注ぐ。

三河八橋駅。◎1979（昭和54）年６月　提供：名鉄資料館

◎三河知立駅

三河知立駅は、1915（大正４）年10月、三河鉄道が知立駅（初代）を開業したことがルーツとなっている。1959（昭和34）年４月、現在の知立駅（三代目）が誕生した際、旧駅は分割されて、名古屋本線の東知立駅とこの三河知立駅に改称した。東知立駅は1968（昭和43）年１月に廃止されたが、三河知立駅は60年以上たった現在も営業を続けている。現在の駅の構造は島式ホーム１面２線の地上駅である。ま

た、1984（昭和59）年まで、名古屋本線の知立信号所との間に貨物連絡線が存在した。現在の知立駅が開業するまでは、三河三弘法の遍照院の最寄り駅として賑わった。

三河知立駅。◎1961（昭和36）年10月　提供：名鉄資料館

◎知立駅

　知立市の玄関口である知立駅は、名鉄の三河線、名古屋本線の接続駅となっている。1923（大正12）年4月、前身の愛知電気鉄道岡崎線の新知立駅（仮駅）が開業し、同年6月に三河鉄道との交差点付近に移転して、新知立駅となった。1941（昭和16）年8月、この知立駅と新知立駅が統合されて知立駅（二代目）に。1959（昭和34）年4月、現在の知立駅（三代目）が開業。先に存在した知立駅（二代目）は名古屋本線の東知立駅、三河線の三河知立駅に分割され、三河線は現在のようなスイッチバックで知立駅に乗り入れる形となった。

　現在、知立駅は仮駅の状態で、3面5線のホームを有する地上駅になっている。2023（令和5）年には、4面8線のホームをもつ3階構造の高架駅が誕生する予定で、2階に名古屋本線の2面4線のホーム、3階に三河線の2面4線のホームが置かれ、1階に改札口やコンコースが設けられることになる。

◎重原駅

　重原駅は1923（大正12）年4月、三河鉄道の駅として開業した。1976（昭和51）年、知立〜重原間は複線化されている。重原駅は2005（平成17）年9月に駅舎が改築されている。現在の駅の構造は相対式ホーム2面2線の地上駅で、無人駅となっている。駅の所在地は知立市上重原町本郷であり、1889（明治22）年に知立町と合併するまでは、上重原村が存在していた。この駅の北東で、三河線は東海道新幹線、知立バイパスと立体交差している。

◎刈谷駅

　刈谷駅は、1914（大正3）年2月、三河鉄道の刈谷新駅として開業している。このときは大浜港（現・碧南）駅までの路線で、知立駅（初代）への路線は1915（大正4）年10月である。この刈谷新駅は1923（大正12）年2月に移設され、1927（昭和2）年11月に移転し、国鉄（現・JR）の刈谷駅と統合され、共同使用駅となった。これ以前、官設鉄道（東海道本線）の刈谷駅は1888（明治21）年1月に開設されている。1980（昭和55）年12月には、刈谷〜刈谷市間が高架複線化されている。1990（平成2）年3月には、名鉄の刈谷駅が現在地に移設された。現在は北側にJR駅、南側に名鉄駅が置かれ、橋上駅舎を結ぶ南北通路が存在する。名鉄駅の構造は、島式ホーム1面2線の地上駅である。

　この刈谷駅の北側には豊田車体刈谷工場、デンソー本社、アイシン精機本社、刈谷工業高等学校などが存在し、西側には豊田自動織機本社が存在する。また、南側には刈谷市美術館などがあり、猿渡川が流れている。

◎刈谷市駅

　この刈谷市駅は、刈谷市役所の最寄り駅となっている。駅の所在地は刈谷市広小路3丁目で、駅の西側には境川、逢妻川の流れがあり、この川の畔の刈谷城があった場所（城町）は亀城公園となり、刈谷球場、刈谷市体育館などが置かれている。刈谷市駅の開業は1914（大正3）年2月で、このときの駅名は「刈谷町」だった。1952（昭和27）年3月、現在の駅名である「刈谷市」に改称。1980（昭和55）年12月に高架化されている。現在の駅の構造は島式ホーム1面2線をもつ高架駅で、無人駅となっている。

刈谷市駅。◎1974（昭和49）年4月　提供：名鉄資料館

刈谷町駅。◎1914（大正3）年頃　提供：名鉄資料館

◎小垣江駅

　この小垣江駅は刈谷市小垣江町下半ノ木にあり、刈谷市で最も南に位置している。1914（大正3）年2月の開業で、かつては北東に存在した依佐美送信所（無線送信所）に向かう専用線が存在した。この依佐美送信所は1929（昭和4）年から運用が始まり、戦後は米軍に接収された後、1994（平成6）年に返還されて廃止され、跡地の一部は2007（平成19）年に「フローラルガーデンよさみ」となり、依佐美送信所記念館が開館している。小垣江駅の現在の構造は、島式ホーム1面2線を有する地上駅で、無人駅となっている。

小垣江駅。◎昭和54年頃　提供：名鉄資料館

◎吉浜駅

　吉浜駅は1914（大正3）年2月の開業で、狭い衣浦湾（港）を挟んで、武豊線の東浦駅と向き合う位置に置かれている。対岸の東浦駅からは衣浦湾を渡って、高浜市内を通り、碧南市の碧南市駅に至る貨物線の衣浦臨海鉄道碧南線が走っている。吉浜駅の所在地は、高浜市屋敷町1丁目である。駅の構造はかつて島式ホーム1面2線だったが、1983（昭和58）年10月に棒線化され、現在は単式ホーム1面1線の地上駅である。この吉浜地区は江戸時代から、菊人形をはじめとする人形作り（細工）で有名で、1964（昭和39）年に愛知県無形文化財に指定されており、現在も株式会社「吉浜人形」がその伝統を守っている。

吉浜駅。◎1978（昭和53年）11月　提供：名鉄資料館

◎三河高浜駅

　人口約4万8000人の高浜市の玄関口となっている三河高浜駅。この高浜市の市役所は、駅の南西に置かれている。三河高浜駅は1918（大正7）年4月、三河鉄道の駅として開業しており、三河線の開業時（1914年）には開設されていなかった。1994（平成6）年12月、橋上駅舎に変わっている。駅の構造は島式ホーム1面2線を有する橋上駅である。駅の所在地は高浜市春日町5丁目、同じ春日町2丁目には千本桜で知られる大山緑地があり、高浜の総氏神である春日神社が鎮座している。神社の創建年などは不明だが、室町時代の永正年間（1504〜20年）にこの地に遷座したとされている。また、駅の南東には県立高浜高等学校が存在する。

三河高浜駅。◎1980（昭和55）年8月　提供：名鉄資料館

◎高浜港駅

　高浜港駅は1914（大正3）年2月に開業している。現在は高浜港の最寄り駅であり、当初は高浜市街の中心駅でもあった。1983（昭和58）年10月に棒線化され、現在は単式ホーム1面1線の地上駅となっている。2016（平成28）年3月に現在の駅舎が竣工した。駅の北西にあたる衣浦大橋のたもと（青木町9丁目）には、1995（平成7）年に開館した、瓦をテーマにした日本唯一の美術館、高浜市やきものの里かわら美術館が存在している。

高浜港駅。◎昭和47年頃　提供：名鉄資料館

◎北新川駅

三河線は高浜川を渡ってまもなく、高浜市と碧南市の市境を越える。次の北新川駅は碧南市の北端の駅で、1914（大正3）年2月に開業している。現在の駅の構造は島式ホーム1面2線を有する地上駅で、無人駅となっている。この駅の東側には隣接する安城市にまたがる形で、油ヶ淵と呼ばれる天然湖沼があり、周辺を含めて県営都市公園「油ヶ淵水辺公園」として整備されている。開園は2018（平成30）年で、水生花園、自然ふれあい生態園がオープンしている。

北新川駅。◎1984（昭和59）年5月　提供：名鉄資料館

◎新川町駅

1914（大正3）年2月に開業した新川町駅は、碧南市新川町3丁目に置かれている。「新川町」の駅名は、碧南市が成立する前にこの地に存在した新川町に由来する。かつては新川口駅に至る貨物線、新川口支線（新川臨港線）が存在した。現在の駅の構造は、相対式ホーム2面2線をもつ地上駅（無人駅）である。なお、新・旧の駅舎が並んで建っており、旧駅舎は公共施設「新川まちかどサロン」として利用されている。駅の北側の線路沿いには、碧南市立新川小学校、新川中学校が存在している。

新川町駅。◎1973（昭和48）年1月26日　提供：名鉄資料館

◎碧南中央駅

現在の碧南中央駅は、三河線が1914（大正3）年2月、大浜港（現・碧南）駅まで開通した際には開設されておらず、翌年7月に新須磨臨時停車場としてスタートしている。この地は兵庫県の須磨海岸に似た景勝地として知られ、夏季の新須磨海水浴場のための臨時駅だった。その後、1926（大正15）年2月、常設の新須磨駅として開業している。1981（昭和56）年12月、碧南中央駅となり、駅ビルも誕生した。現在の駅の構造は、単式ホーム1面1線の地上駅である。駅の東側には碧南市役所、碧南高等学校が存在している。

新須磨駅。◎1981（昭和56）年7月30日　撮影：倉橋春夫

◎碧南駅

碧南駅は三河線が1914（大正3）年2月に開通した際、大浜港駅として開業。翌年11月、大浜口駅に至る貨物線の大浜臨港線（後の大浜口支線）が開通している。さらに1926（大正15）年9月、三河線の大浜港〜神谷（後の松木島）間が延伸し、その後に吉良吉田駅まで延びて、西尾線、蒲郡線と連絡する形となった。

しかし、この大浜口支線は1946（昭和21）年8月、延伸部分は2004（平成16）年4月に廃止され、現在は三河線の終着駅となっている。その間、1954（昭和29）年4月、現在の駅名である「碧南」に改称している。2019（平成31）年3月、駅舎が改築され、現在の駅舎となった。駅の構造は島式ホーム1面2線の地上駅で、無人駅となっている。駅の西側には碧南市臨海公園、碧南海浜水族館が存在する。また、衣浦湾を挟んだ半田市側とは海底トンネルの衣浦トンネルで結ばれている。

碧南駅。◎1973（昭和48）年1月26日　提供：名鉄資料館

デキ300の重連単機が眼前を通過する。三河線の貨物輸送の最晩年は貨車の連結がない日も多く、貨物輸送の終焉が近いことを実感させられた。◎知立～重原 1983（昭和58）年12月　撮影：寺澤秀樹

知立の三河線ホームに進入するデキ600の貨物列車。この頃は貨物輸送が盛んだった三河線の名残を肌で感じることができる時代だった。◎知立　1982（昭和57）年6月　撮影：寺澤秀樹

鉄仮面と呼ばれる6500・6800系の普通碧南行き。画面左はＪＲ東海道本線。画面後方で東海道本線をオーバークロスして知立方面へ向かう。◎刈谷 1991（平成3）年4月7日 撮影：荻原二郎

1914（大正3）年2月、三河鉄道刈谷新〜碧南（当時は大浜港）間開通に伴い開業。2004年3月末限りで碧南〜吉良吉田間が廃止され終点となった。撮影は1981年で1988年名古屋五輪招致のため日本モンキーパークで開かれたオリンピックフェアの看板がある。◎碧南　1981（昭和56）年撮影：山田虎雄

三河線三河平坂での3730系同士の交換。3730系は3700系と同様のHL車（手動進段制御車）で2ドアロングシートである。行先表示に「名古屋（碧南乗換）」とあり、碧南で知立経由新名古屋（現・名鉄名古屋）方面行きに接続する。◎三河平坂　1967（昭和42）年3月1日　撮影：荻原二郎

1914（大正3）年2月、三河鉄道刈谷新駅として開業。1927（昭和2）年11月、現在地に移転して国鉄（現・JR）刈谷駅と共同使用駅となった。1988年に橋上駅となり、1989年1月に南北自由通路が完成してJR東海と名鉄の改札が分離された。◎刈谷　1991（平成3）年4月7日　撮影：荻原二郎

鋼体化HL車の3780系は1966（昭和41）年11月～12月に20両が製造された。
◎小垣江　1969（昭和44）年3月　撮影：清水 武

三河鉄道以来の生え抜き機関車のデキ302。三河線（海線）の貨物扱いは衣浦臨海鉄道に移管された。
◎碧南　撮影：清水 武

名古屋本線の一部指定席特急が順次1000・1200系に統一されたのにともない、7700系はその任を終え、支線区で一般運用に就く機会も多くなった。小垣江は付近の河川改修に合わせた配線変更・駅集中管理システムの導入による駅舎改築・駅周辺整備などにより、この頃とは雰囲気が大きく変わっている。◎小垣江　1997（平成9）年9月　撮影：寺澤秀樹

リバイバルカラーとなった5500系は三河（海）線も活躍舞台のひとつだった。写真の7700系のほか、他のリバイバルカラーの5500系など、様々な組み合わせが見られた。◎高浜港〜北新川　2004（平成16）年3月14日　撮影：寺澤秀樹

矢作川鉄橋への築堤を登る7300系2両（先頭はモ7309）の知立、刈谷、碧南経由吉良吉田行き。この区間は2004年3月末限りで廃止。7300系は旧型車（3800系など）の台車、機器を転用してパノラマカーと同様の車体を新製した。
◎三河旭〜中畑　1980（昭和55）年8月20日　撮影：安田就視

矢作古川鉄橋付近は常に小さな漁船が係留されていて、海の近くということが実感できた。鉄橋を渡る小振りな車体のキハ20は長閑な風景にマッチしていた。◎松木島〜吉良吉田　1998（平成10）年7月　撮影：寺澤秀樹

矢作古川鉄橋を渡る3730系2両編成（モ3759−ク2759）の吉良吉田行き。3730系は3700系と同様のHL車だがドアが両開きになっている。この編成は転換クロスシート化されている。
◎吉良吉田〜松木島　1980（昭和55）年8月20日
撮影：安田就視

矢作川に架かる長い鉄橋は碧南〜吉良吉田間のハイライトだった。廃止間近になると一部の列車には「三河一色大提灯号」の系統板が掲出された。◎中畑〜三河旭　2004（平成16）年3月7日　撮影：寺澤秀樹

廃止が間近に迫った頃のキハ30とキハ20の列車交換風景。「ご愛顧ありがとうございました」系統板を掲出した列車を撮影するファンの姿が見える。交換設備のある三河平坂では、列車交換の際には通票の授受が行われた。
◎三河平坂　2004（平成16）年3月7日　撮影：寺澤秀樹

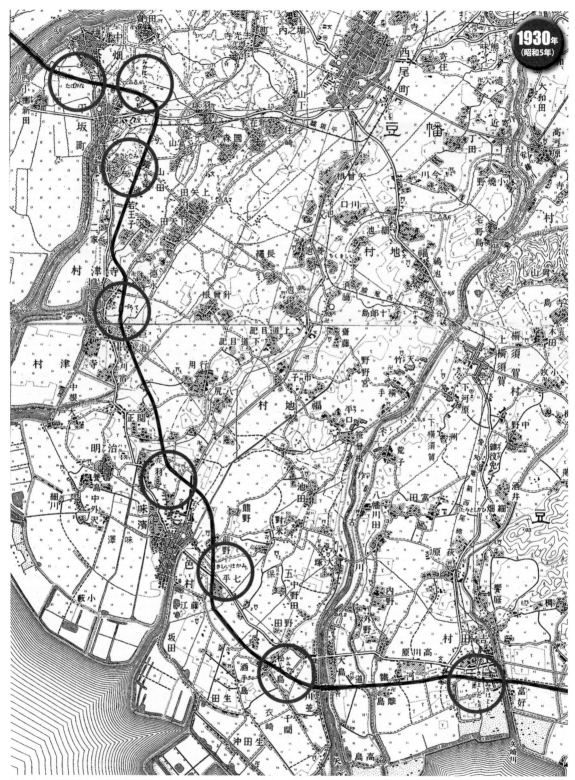

地図左上（北西）の中畑駅方面から南東に延びる三河鉄道（三河線・海線）と、右上（北東）の西尾口駅方面から南西に延びる愛知電気鉄道の西尾線、平坂線が見える地図。平坂線と三河鉄道は、三河平坂駅付近で交差しているものの、ともに直接連絡する駅は設置されていなかった。三河線・海線は、地図に見える路線を含む、大浜港（現・碧南）〜三河吉田（現・吉良吉田）間が2004（平成16）年4月に廃止されている。また、平坂線は名鉄の平坂支線となった後、1960（昭和35）年3月に港前〜西尾間が廃止されている。

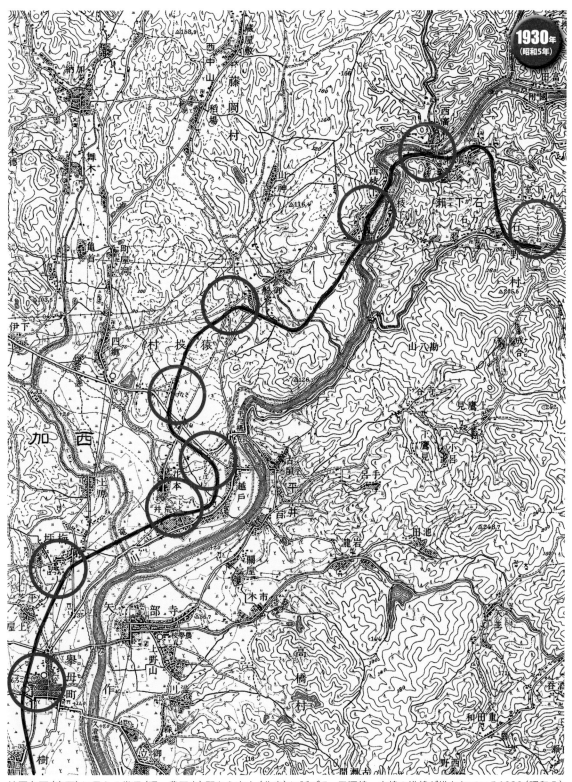

地図左下（南西）に見える拳母（現・豊田市）駅から右上（北東）に延びる、三河線・山線の沿線が描かれている1930（昭和5）年の地図である。三河線は1928（昭和3）年1月に三河広瀬～西中金間が延伸し、西中金駅が終着駅となっていた。この後、2004（平成16）年4月に猿投～西中金間が廃止されて、現在は猿投駅が終着駅となっている。一方、梅坪駅から分岐して、北西に向かう名鉄・豊田新線（現・豊田線）が1979（昭和54）年7月に開業している。

三河線と名古屋本線の乗換の利便性向上と直通運転をしやすくするため、1959（昭和34）年4月に新しい知立駅が完成した。三河線の海線側・山線側から（新）知立駅への連絡線が新設された。貨物列車用に直進する旧線も残されたので三角線になった。旧・知立駅は本線が東知立（写真右下）と改称（後に廃止）、三河線が三河知立と改称した。
◎知立　1959（昭和34）年4月　提供：名鉄資料館

名古屋本線と三河線の連絡駅
知立。1923（大正12）年4月
に愛知電気鉄道により開業、
同年6月に三河鉄道との交差
地点に移設され、三河鉄道の
知立（現・三河知立）と区別の
ため新知立とした。1941（昭
和16）年に両駅は連絡階段で
結ばれ知立と改称。1959年
4月に現在地に移転し、三河
線も乗り入れここでスイッチ
バックすることになり、（旧）
知立は東知立、三河線知立は
三河知立と改称された。写真
の駅舎は1959年の移転時に建
設。◎知立　1967（昭和42）
年3月1日　撮影：荻原二郎

1964（昭和39）年に3730系が
誕生した。3700系との違いは
1400mmの両開き扉と踏切事故
対策の嵩上げ運転台である。
◎三河八橋～三河知立　1965
（昭和40）年6月　撮影：清水 武

7000系9次車（モ7101・モ
7104）への運転台取り付け改
造によって生まれた7100系
は1系列1編成の稀有な存在
だった。数奇な運命をたどっ
てきたが、ワンマン改造を受
け、三河線が最後の活躍の場
となった。◎竹村～土橋
2009（平成21）年6月23日
撮影：寺澤秀樹

豊田市駅は三河鉄道挙母駅として開業し、三河線（山線）の中心駅だった。三河線は、名鉄合併後も三河鉄道からの引継車を中心に運用された。ホームに3本並んだ電車は、いずれも三河鉄道からの引継車。
◎豊田市　1960（昭和35）年
提供：名鉄資料館

上挙母で三河線と挙母線が接続した。左が三河線西中金行きの3700系、中がモ3200（もと愛知電気鉄道）の三河線碧南行き、右が挙母線大樹寺行きのモ1080（もと三河鉄道）。
◎上挙母　1962（昭和37）年
2月28日　撮影：荻原二郎

1920（大正9）年に挙母駅として開業以来の木造駅舎。1959（昭和34）年に挙母市→豊田市と市名変更され、それに伴い豊田市駅と改称。1961（昭和36）年に駅ビル化され姿を消した。◎豊田市　1960（昭和35）年　提供：名鉄資料館

3730系（モ3747-ク2747）の西中金行き。塗装は60年代後半に試みられたライトパープル（薄紫）塗装。3730系は3700系と同じく木造車の台車、機器を再利用し車体を新製した車両だがドアが両開きになった。◎猿投 1967（昭和42）年3月1日 撮影：荻原二郎

猿投を発車するHL車3770系（ク2771-モ3771）の挙母線大樹寺行き。前面行先の岡崎と大書きされ横に小さく大樹寺とあるのは「岡崎市内」を強調するため。挙母線上挙母〜大樹寺間は1973（昭和48）年3月に廃止された。◎猿投 1967（昭和42）年3月1日 撮影：荻原二郎

1924（大正13）年10月、三河鉄道により開業。この木造駅舎は1993（平成5）年に駅舎が新築された。◎猿投 1967（昭和42）年3月1日 撮影：荻原二郎

西中金の駅舎。乗降客の大半は足助方面へのバス乗り継ぎ客だった。昭和40年代のマイカー時代到来までの紅葉シーズンは、足助香嵐渓への行楽客で混雑した。◎西中金　昭和30年代後半　提供：名鉄資料館

三河線の終点・西中金。ここから7.4km先の足助の町まで路線延伸が計画され、途中までは路盤も出来ていたが、不況の深刻化等により未成線のまま終わった。猿投～西中金は2004（平成16）年に廃止された。◎西中金　1966（昭和41）年10月5日　提供：名鉄資料館

三河線の終点西中金。1928（昭和3）年1月、三河鉄道により西中金まで開通した。三河線は知立を境に西中金までが山線、吉良吉田までが海線に分かれていた。猿投～西中金間は閑散線で1985年3月に電車からディーゼル車となり、2004（平成16）年3月末日限りで廃止された。◎西中金　撮影：山田虎雄

ホーム1面1線の西中金に停車中の3780系2両編成（モ3784－ク2784）。3780系は1966年、旧型車の台車、機器を再利用し、通勤観光両用として転換クロスシート（1人掛と2人掛）で登場。製造時はライトパープル（薄紫）塗装だった。1977年から瀬戸線に転出し、瀬戸線近代化に貢献。◎西中金　1973（昭和48）年9月17日　撮影：安田就視

三河線の終点西中金駅。紅葉の名所香嵐渓方面へのバスが接続している。この先、足助までの延伸も期待されたが、幻の鉄道に終わった。◎西中金　1967（昭和42）年3月1日　撮影：荻原二郎

西中金の木造駅舎。1928（昭和3）年1月開業、2004年3月末に廃止。香嵐渓へのバスを待つ人々が並ぶ。NHK社員募集の立看板に注目。公共放送NHKではなく自動車部品メーカーの日本発条（ニッパツ）で、当時は派遣などなく正社員採用である。◎西中金1973（昭和48）年9月17日　撮影：安田就視

矢作川を渡る枝下～三河広瀬間は山深い雰囲気を味わうことができる区間で、とくに紅葉・新緑の頃は景色のよさが一段と強調される季節だった。◎枝下～三河広瀬 2001（平成13）年11月23日　撮影：寺澤秀樹

開業時以来の三河広瀬の駅舎は廃止まで残っていた。ホームの向かい側にあるもみじは秋になると真っ赤に染まり、乗客の目を楽しませてくれた。廃止後も大切に管理され、現在でも往時を偲ぶことができる。駅舎とホームは2007（平成19）年10月、国の登録有形文化財に登録された。◎三河広瀬　2003（平成15）年8月9日　撮影：寺澤秀樹

廃止に向けての惜別ムードが高まる中、かつて秋の行楽シーズンに運転された「かえで号」を表記した系統板を掲出する列車も運転された。◎三河御船～枝下　2004（平成16）年3月13日　撮影：寺澤秀樹

営業最終日となった2004（平成16）年3月31日の三河（山）線、2両に増結して満員のお名残り乗車の乗客を捌いていた。山線も海線と同様、廃止のおよそ1か月前から「ご愛顧ありがとうございました」系統板の掲出が始まり、「さよなら運転」系統板の掲出は最終日の限定だった。◎三河御船～枝下　2004（平成16）年3月31日　撮影：寺澤秀樹

豊田線

路線DATA

起点：赤池

終点：梅坪

開業：1979（昭和54）年7月29日

　名鉄の豊田線はその名の通り、豊田市にある梅坪駅から日進市の赤池駅まで延びる、15.2キロの路線である。梅坪駅では名鉄の三河線、赤池駅では名古屋市営地下鉄鶴舞線に連絡している。戦前に新三河鉄道が建設を計画した路線があったが、実現には至らず、戦後の1979（昭和54）年に名鉄の豊田新線として開通した。この新三河鉄道は現在の名鉄路線のうち、三河線と蒲郡線を有していた三河鉄道の子会社で、名古屋市電に存在した八事線を一時、運営していた会社である。豊田線には名古屋方面から地下鉄鶴舞線の列車が乗り入れを行っている。

　起終点駅となる梅坪駅は豊田市駅の北隣駅で、ここから北に向かう豊田線はやがて西に方向を転じて、丘陵地帯を進んでゆく。途中、みよし市の北部を通り、日進市を経由して、西側の起終点駅となる赤池駅は、名古屋市天白区との境界付近に置かれている。直通運転を行っている鶴舞線における隣駅は平針駅で、この駅は天白区平針2丁目に置かれている。赤池駅の東側には、名古屋市交通局日進工場および名古屋市電・地下鉄保存館「レトロでんしゃ館」が存在する。

　豊田市は人口約42万4000人、いうまでもなく世界的自動車メーカーである、トヨタ自動車の本社がある街として知られている。もともと、このあたりは江戸時代に挙母藩があった場所で、1951（昭和26）年に挙母町が市制を施行して挙母市が成立した。1959（昭和34）年に豊田市に名称を変更している。

　みよし市は、2010（平成22）年にみよし（三好）町が市制を施行して、みよし市になっており、それ以前は三好村だった。かつては「三吉」とも呼ばれていた。現在の人口は約6万2000人である。

　日進市は人口約9万1000人、1994（平成6）年に日進町が市制を施行して成立した。それ以前は日進村で、1906（明治39）年に香久山村、白山村、岩崎村が合併して日進村が成立している。

◎上豊田駅

　梅坪駅を出た豊田線は、愛知環状鉄道線を越えて進み、やがて上豊田駅に到着する。この駅は豊田市上原町に置かれており、当初予定された駅名は「上原」だった。駅の開業は1979（昭和54）年7月、1996（平成8）年3月に駅舎が改築されている。現在の駅の構造は相対式ホーム2面2線の地上駅で、傾斜地に置かれているため、駅舎の下にホームが存在している。

◎浄水駅

　豊田市浄水町に置かれている浄水駅。この地名、駅名は駅北西にある愛知県豊田浄水場に由来している。井保原大地の上にあるこの浄水場は、1972（昭和47）年に給水を開始している。この浄水町の歴史をたどれば、戦前に存在した井保原飛行場が浮かび上がる。この飛行場は、愛知時計電気（後の愛知航空機）の試験飛行場として1940（昭和15）年に建設され、太平洋戦争中には名古屋海軍航空隊が駐屯していた。当初は主に訓練飛行を行っていたが、戦争末期には神風特別攻撃隊「草薙隊」として鹿児島県の国分基地から沖縄戦に参加した。現在、愛知少年院のある南側には慰霊碑が建てられており、豊田浄水場方面に延びる直線道路は滑走路の跡とされている。

　浄水駅は掘割式で建設され、現在の駅の構造は相対式ホーム2面2線の半地下駅となっている。駅周辺は住宅地としての開発が進み、付近には豊田大谷高等学校、中京大学豊田キャンパスがあるため、学生、生徒の利用者も多い。駅の開業は1979（昭和54）年7月である。

浄水駅。◎1983（昭和58）年6月　提供：名鉄資料館

◎三好ケ丘駅

この三好ケ丘駅の東側は、トンネル区間であり、豊田線の北側にはさなげ（猿投）カントリークラブが存在する。この「さなげ（猿投）」とは、北側にある猿投山に由来し、この山が花崗岩の山であることから、山肌が崩れやすい「狭薙（さ・なぎ）」から変化したといわれる。また、標高629メートルのこの山の麓に鎮座する猿投神社には、景行天皇と猿にまつわる伝説も伝えられている。豊田線の南側には第10号三好ケ丘緑地、三好ケ丘1号公園が広がっている。また、南西には東海学園大学のキャンパスが存在している。

三好ケ丘駅は相対式ホーム2面2線を有する高架駅で、駅の南西には、大きな駅前ロータリーが存在している。

◎黒笹駅

黒笹駅はみよし市と日進市の境界付近に置かれている。駅の西側にはみよし市、日進市、東郷町にまたがる愛知池に架かる、全長256メートルの愛知池橋梁が存在し、強風時には折り返し運転になる。現在の駅の構造は相対式ホーム2面2線の高架駅で、無人駅となっている。駅名の「黒笹」は、1906（明治39）年に三好村が誕生する前に存在した、莇生（あざぶ）村の前身のひとつ、黒笹村に由来している。次の米野木駅との間には、東名高速道路が通っている。

◎米野木駅

1979（昭和54）年7月に開業した米野木駅は、日進市米野木町南山に置かれている。駅の構造は相対式ホーム2面2線の高架駅である。駅の南側には東郷ダム、東郷浄水場があり、その東には愛知池運動公園が存在している。東側に広がる愛知池は、正式名称が東郷調整池という愛知用水の調整池である。東郷ダムによって誕生した人造湖であり、愛知県のボート競技にも使用されている。また、駅の北東には尾張東部浄水場、日進総合運動公園がある。

◎日進駅

「日進」の名称をもつ鉄道駅は、埼玉県のJR川越線、北海道のJR宗谷本線にも存在している。いずれも昭和時代に誕生した新しい駅であるが、その中でも名鉄の日進駅が最も若い駅で、開業は1979（昭和54）年7月である。この日進駅の構造は相対式ホーム2面2線の高架駅である。駅の南側には、トヨタ自動車日進研修センターが存在する。駅の周辺は住宅地として開発されている中、南西の東郷町には1929（昭和4）年に開場した、中京の名門ゴルフコースである名古屋ゴルフ倶楽部、和合コースが広がっている。

日進駅。◎1980（昭和55）年11月　提供：名鉄資料館

◎赤池駅

赤池駅は、名鉄と市営地下鉄の共同使用駅で、駅の構造は島式2面3線の地下駅となっている。地下の改札口は2か所あり、西改札口に1番出入口、東改札口に2・3番出入口が設けられている。駅の開業は、市営地下鉄鶴舞線は1978（昭和53）年10月、名鉄豊田線は1979（昭和54）年7月で、このときから相互直通運転が開始された。

この赤池駅の東側には、豊田西バイパス（国道153号）が走っている。この国道153号は名古屋市と長野県塩尻市を結んでおり、その一部は飯田街道とも呼ばれていた。「赤池」の地名は、日進市（町・村）が成立する前に存在した香久山村の大字として存在しており、その由来は赤い色をした池、あるいは閼伽（あか）水と呼ばれた泉からきたなどという諸説が存在する。

米野木駅。◎1981（昭和56）年8月
提供：名鉄資料館

1920（大正9）年11月、三河鉄道の挙母駅として開業。トヨタ自動車本社のある挙母市が1959年1月に豊田市に改称したことに伴い同年10月に豊田市と改称された。1979年7月29日に開通した豊田新線の看板に名鉄100系が描かれている。同駅は1985年に高架化された。◎豊田市　1979（昭和54）年8月　撮影：山田虎雄

開業当日の梅坪の駅前風景。豊田市と名古屋都心部を直結する路線の悲願達成を物語るように開業イベントには多くの人が集まった。◎梅坪　1979（昭和54）年7月29日　撮影：寺澤秀樹

1979（昭和54）年7月29日、名鉄
豊田新線（現・豊田線）赤池～梅
坪間が開通し名古屋市営地下鉄
鶴舞線と直通運転が開始された。
豊田市に停車中の名古屋市交通
局3000系の伏見行きが発車を待
つ。◎豊田市　1979（昭和54）年
8月　撮影：山田虎雄

梅坪駅では特別装飾を施された列
車の到着に合わせ、くす玉割りや
テープカットといった開業記念式
典が行われた。ホーム上はその様
子を一目見ようとする大勢の人で
あふれた。◎梅坪　1979（昭和
54）年7月29日　撮影：寺澤秀樹

豊田新線（現・豊田線）開業前の試運転。新造された100系電車が愛知池橋梁を通り過ぎ、東名高速道路を横断する。
◎米野木〜黒笹　1979（昭和54）年7月　提供：名鉄資料館

豊田新線（現・豊田線）開業前の試運転。名古屋市営地下鉄鶴舞線と相互直通する100系電車が、地下鉄鶴舞線の車両基地・日進工場の上を通過する。◎赤池〜日進　1979（昭和54）年7月　提供：名鉄資料館

沿線開発が進む豊田線の沿線。豊田線開
通から13年目の三好ケ丘。◎三好ケ丘
1992（平成4）年　提供：名鉄資料館

車両基地から出庫する名古屋市交通局3000系浄心行き（先頭は3810）、背後は名古屋市交通局日進工場と日進車両基地。この地点から名鉄豊田新線の高架線が分岐する。◎赤池〜日進　1984（昭和59）年8月5日　撮影：安田就視

豊田線と鶴舞線の相互直通運転開始20周年の記念ステッカーが貼られた100系。豊田線は線形のよい全線立体交差の高規格路線で駅数も少なく、普通列車といえども表定速度は本線の急行並みに高い。◎黒笹〜三好ケ丘　1999（平成11）年7月25日　撮影：寺澤秀樹

相互直通運転開始30周年は100系に記念の系統板が掲出されたほか、地下鉄車両にも記念のステッカーが貼られた。地下鉄の3000系はN3000系の増備によって廃車が進み、目にする機会が減ってしまった。◎上豊田　2009（平成21）年8月4日　撮影：寺澤秀樹

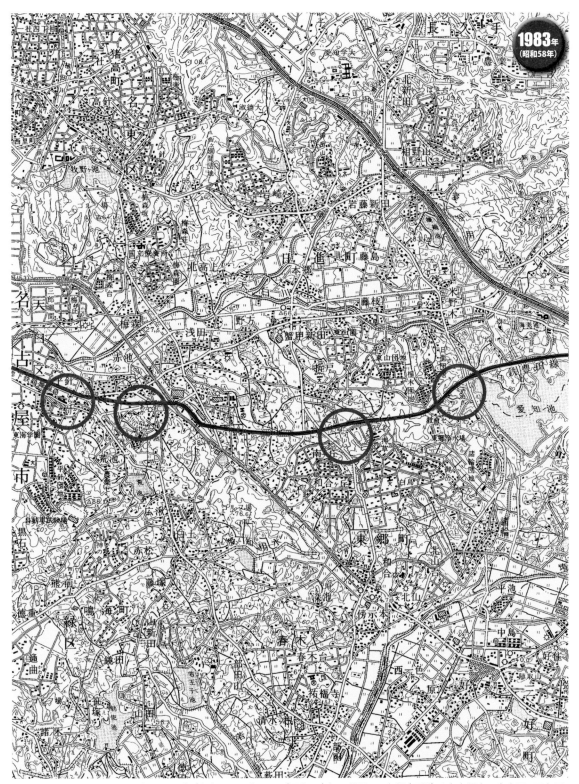

北側から長久手町、日進町、東郷町などが存在していた1983（昭和58）年の地図で、左側（西側）は名古屋市の名東区、天白区、緑区である。日進町は1994（平成6）年に市制を施行して日進市となる。中央付近をほぼ東西に走る名古屋市営地下鉄鶴舞線と名鉄豊田線は赤池駅で連絡しており、相互直通運転が行われた。日進駅の南西に見えるゴルフ場は、戦前から存在する名門コース、名古屋ゴルフ倶楽部和合コースである。

昭和14〜17年の名鉄支線等の時刻表

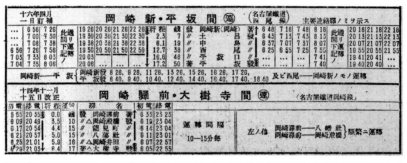

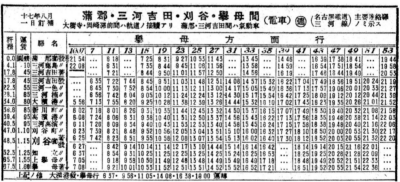

2章
知多地域

◎知多新線　野間〜内海　1996（平成8）年3月　撮影：寺澤秀樹

常滑線

路線DATA

起点：神宮前

終点：常滑

開業：1912（明治45）年2月18日

　常滑線は、名鉄名古屋本線の神宮前駅を起点として、知多半島の西側にある常滑駅へ至る29.3キロの路線である。終着駅だった常滑駅は、その後に中部国際空港へのアクセス線として常滑線を延長する形の空港線が開通し、空港線との接続駅となっている。この常滑線の「常滑」は、常滑駅がある常滑市に由来している。常滑線は空港線の建設工事に伴って、2002（平成14）年1月に榎戸～常滑間が休止となり、2003（平成15）年10月にこの区間の営業を再開している。

　常滑線のルーツは、1912（明治45）年2月に開通した、愛知電気鉄道の傳馬（後の傳馬町）～大野（現・大野町）間の路線である。同年8月に傳馬～秋葉前間が開通。1913（大正2）年3月に大野町～常滑間、同年8月に秋葉前～神宮前間が開通して、現在の常滑線が全通した。現在は傳馬町駅、秋葉前駅は廃止されている。

　この常滑線は、名古屋市熱田区にある神宮前駅から、南区を経由して、東海市、知多市、常滑市に続いて行く。このうち、東海市は1969（昭和44）年に上野町、横須賀町が合併して成立、知多市は1955（昭和30）年に八幡町、岡田町、旭町が合併して誕生した知多町が1970（昭和45）年に市制を施行して成立している。また、常滑市は1954（昭和29）年、常滑町、鬼崎町、西浦町、大野町、三和村が合併して成立した。

　沿線のうち、現在の豊田本町駅、道徳駅が置かれている南区の西側は、江戸時代に埋め立てが行われ、新田が誕生した場所である。1921（大正10）年に名古屋市に編入されて、南区になる前は呼続町（村）が存在したが、さらにさかのぼれば、1889（明治22）年までは豊田村があり、豊田村が成立する前の江戸時代には道徳新田などが存在した。また、豊田本町駅付近には紀左衛門新田、大江駅付近には加福新田、柴田駅付近には柴田新田があった。この柴田新田は、天白川を境に北柴田新田と南柴田新田に分かれ、南側は現在、東海市になっている。

　東海市の前身である上野町にはその前には名和村があったが、現在の名和駅の東側には、古墳時代後期の名和古墳群が存在し、このあたりが古くから人々で暮らしていた場所であることを示している。聚楽園はかつて梅の名所であり、現在は聚楽園大仏で知られている。また、知多半島は弘法大師（空海）のゆかりの場所としても有名で、江戸時代に四国八十八箇所を模した「知多四国霊場」が開創された。そのひとつで、第86番霊場の大悲山観音寺は、新日鉄前駅に近い東海市荒尾町に置かれている。

　次の太田川駅では、知多半島の東側に向かう河和線が分岐している。このあたりは現在、名古屋港の一部となっている南部地区（東海地区・知多地区）の東海元浜埠頭、横須賀埠頭、北浜埠頭、南浜埠頭などの埋立地が存在する。常滑線はこうした埋立地の目の前、旧海岸線近くを南下してゆく。横須賀町は江戸前期の1666（寛文6）年、尾張藩主の徳川光友が潮湯治のための別邸、横須賀御殿（臨江亭）を築いた地で、碁盤割りの街並みと尾張横須賀まつりが残る場所である。

　次の知多市内には、常滑線の駅として6駅が置かれているが、中心となるのは朝倉駅である。また、長浦駅、新舞子駅付近の海岸は、名古屋市内から近い海水浴場として大いに賑わった場所。また、大正期から昭和戦前期には、別荘地の長浦海園文化住宅地、新舞子文化村「松浪園」などが開発された。

　常滑市に置かれている大野町駅は、かつて存在した大野町の玄関口だった。この大野町駅の南側にある斉年寺は、大野城に拠った佐治氏の菩提寺で、国宝に指定されている雪舟筆「慧可断臂図」があることで知られている。また、江戸時代には尾張藩の藩主が潮湯治で訪れた「大野御殿」があり、大野海水浴場は日本最古の海水浴場ともいわれる。常滑市は古来、常滑焼の産地として有名だった。その歴史は、平安時代の知多半島に広く存在した古窯群にさかのぼり、やがて常滑付近に窯が集まって、日本六古窯のひとつとして、常滑焼と呼ばれるようになった。

◎豊田本町駅

　豊田本町駅は戦後の1957（昭和32）年2月に開業した新しい駅である。この豊田本町駅と次の道徳駅との間で、常滑線は東海道新幹線、伏見通と立体交

差している。現在の駅は島式ホーム1面2線の高架駅で、1983〜84（昭和58〜59）年にかけて上下線が高架化された。

豊田本町駅。◎1958（昭和33）年4月　提供：名鉄資料館

◎道徳駅

　道徳駅は、愛知電気鉄道時代の1912（明治45）年2月に開業している。駅名の「道徳」とは、江戸時代後期に尾張藩が農民に与えた御替地新田を「道を以て徳を施す」として「道徳新田」としたことによる。道徳駅の東側には、この歴史を示す御替地神明社が鎮座している。その後、現在の道徳新町付近には「道徳前新田」が開発された。駅のすぐ東側に鎮座する道徳稲荷神社は、1821（文政4）年に道徳前新田が完成した際に村の鎮守として創建された。また、駅の西側には戦前の一時期、牧野省三の東海映画撮影所（中部撮影所、名古屋撮影所）が存在した。撮影所の跡地は現在、道徳公園、道徳小学校、大江中学校となっている。この道徳公園は昭和戦前期に公園となり、ボート池などが整備され、現在は道徳前新田の開発に尽力した鷲尾善吉翁の頌徳碑が建てられている。

　道徳駅の構造は、相対式2面2線の高架駅で、1980（昭和55）年に橋上駅舎となり、豊田本町駅と同時期に上下線が高架化された。

道徳駅。◎1985（昭和60）年12月　提供：名鉄資料館

◎大江駅

　1917（大正6）年5月、愛知電気鉄道の駅として開業した大江駅は、1924（大正13）年1月、道徳寄りに移転して、築港線との分岐駅となった。2004（平成16）年12月、現在地に移転して、新駅舎が誕生した。現在の駅の構造は、常滑線の相対式2面4線、築港線の1面1線のホームを有している。駅の北側には山崎川が流れており、南西側にはかなり広い留置線が存在している。また、駅の東側にはJR東海道本線、名古屋臨海鉄道東港線の笠寺駅が置かれている。

伊勢湾台風直後の大江駅の光景。
◎1959（昭和34）年9月30日　提供：名鉄資料館

◎大同町駅

　太平洋戦争の足音が迫っていた1940（昭和15）年5月、大同前駅として開業した。開設の目的は、駅東側にある大同製鋼（現・大同特殊鋼）星崎工場への工員輸送であり、1945（昭和20）年6月に大同町駅に改称した。現在、駅のさらに東側には三井化学、駅の西側には愛知機械工業の工場が存在しており、通勤客が多く利用している。また、駅の東西には大同大学、大同大学大同高等学校のキャンパスが存在し、通学客も利用する駅となっている。現在の駅の構造は、相対式ホーム2面2線の高架駅で、2004（平成16）年から2006（平成18）年にかけて、上下線が高架化された。

大同町駅。◎1959（昭和34）年10月25日　提供：名鉄資料館

◎柴田駅

1912（明治45）年2月、星崎駅として開業。1917（大正6）年3月、現駅名である「柴田」に改称した。2006（平成18）年7月、高架化が完成して、現在の駅舎が誕生する前には、1984（昭和59）年5月に改築された地上駅舎が存在した。さらに以前には、かつて名古屋本線の堀田駅で使用されていた駅舎が移築されて使われていた歴史がある。駅の構造は高架化前までは島式ホーム1面2線、現在は相対式ホーム2面2線で、ホームの長さも6両対応から8両対応へと変わっている。

この柴田駅の南側には天白川が流れており、南西には柴田水処理センターが置かれている。また、西側は昭和戦前期に造成された埋立地の船見町（8号地）で、名古屋高速4号東海線が通っている。さらに西側には潮見町（9号地）があり、中部電力新名古屋火力発電所が存在し、伊勢湾岸自動車道の名港潮見インターチェンジが置かれている。

柴田駅。◎1983（昭和58）年12月　提供：名鉄資料館

◎名和駅

この名和駅は、道徳、太田川駅などと同じく、愛知電気鉄道時代の1912（明治45）年2月に名和村駅として開業している。戦後の1947（昭和22）年10月、現在の駅名の「名和」に改称した。これらの駅名は、

伊勢湾台風直後の名和駅の光景。
◎1959（昭和34）年9月28日　提供：名鉄資料館

かつて存在した名和村に由来している。名和駅は、1979（昭和54）年4月に高架化が完成し、5月に新しい駅舎となった。現在の構造は相対式ホーム2面2線の高架駅で、6両編成に対応している。

名和駅の南西には、名古屋高速4号東海線と伊勢湾岸自動車道が交わる東海インターチェンジが置かれている。この東海インターチェンジの東側、小高い丘の上には東海市立名和小学校があり、麓には船津神社が鎮座している。船津神社では、「猩々メッタ」と呼ばれる大きな人形が町内を回る祭礼が行われている。

◎聚楽園駅

聚楽園大仏で知られる聚楽園駅は、1916（大正5）年2月、愛知電気鉄道が聚楽園梅林の観光客のための聚楽園臨時乗降場を設けたことから始まる。1917（大正6）年5月、正式に聚楽園駅となった。駅の東側に広がる聚楽園は、岐阜県出身の実業家、山田才吉が開いた料理旅館、公園地で、1927（昭和2）年には園内に像高18.79メートルの鉄筋コンクリート製の聚楽園大仏が建立された。現在は保健福祉センターなどがある「しあわせ村（聚楽園公園）」という公園施設になっている。駅の西側には、愛知製鋼本社、工場が存在している。

聚楽園駅は1942（昭和17）年10月、現在地に移転。現在の駅の構造は、島式、相対式ホームを合わせた2面3線の地上駅となっている。

聚楽園駅。◎1978（昭和53）年6月　提供：名鉄資料館

◎新日鉄前駅

新日前駅は、1912（明治45）年2月に加家駅として開業した古参駅だが、1964（昭和39）年8月、東海製鉄前駅と改称して以来、会社名の変更に伴い、短期間に3度の駅名変更を行うこととなった。1967（昭和42）年8月に富士製鉄前駅、1970（昭和45）年3月に現在の駅名になった。なお、新日本製鉄は住

友金属工業と合併し、新日鐵住金、日本製鉄となったが、これに伴う駅名変更は行われていない。現在の駅の構造は相対式ホーム2面2線の地上駅である。

駅の東側には、星城大学のキャンパスがあり、さらに南東には東海市立平洲中学校、平洲小学校、加家公園（メルヘンの森）が存在する。この東海市は江戸時代の儒学者、細井平洲の誕生地であり、加家公園は「平洲と大仏を訪ねる花の道」として再整備されている。

新日鉄前駅。◎1987（昭和62）年2月　提供：名鉄資料館

◎太田川駅

この太田川駅がある東海市は、全国有数のフキの産地、洋ランの産地として知られている。この2つの生産は、都市近郊農業地帯としての東海市の地位を確立した。また、この東海市には漁村が点在しており、江戸時代には「海老せんべい」を尾張藩主に献上してきた。

太田川駅は、1912（明治45）年2月に開業し、当初は「大田川」の駅名だった。1922（大正11）年6月には太田川車庫が誕生し、翌月には駅の位置も尾張横須賀寄りに移動している。1931（昭和6）年4月には知多鉄道（現・名鉄河和線）が開通し、連絡駅となった。1986（昭和61）年10月に駅舎を改築、さらに2011（平成23）年12月に新駅舎が誕生している。

太田川駅。◎1971（昭和46）年4月12日　提供：名鉄資料館

この現在の駅舎は、名鉄初の3層構造の高架駅で、1階がコンコース、2・3階がホームとなっている。駅の構造は3面6線の高架駅であり、神宮前方面の常滑線系統が2階、河和線系統が3階から発車する。

太田川駅の北には、大田川の流れがある。この大田川は、二級水系大田川の本流である。駅の西側には、日本福祉大学のキャンパスがあり、東側には愛知県立東海商業高等学校が存在する。

◎尾張横須賀駅

尾張横須賀駅は、常滑線における東海市最後の駅となるが、太田川駅から分かれた河和線には高横須賀駅、南加木屋駅、八幡新田駅が置かれており、八幡新田駅が最南端となる。尾張横須賀駅は、東海市養父町北反田に置かれている。この尾張横須賀駅は、1912（明治45）年2月に開業。1990（平成2）年3月に現在地に移転して、1992（平成4）年11月に高架化された。現在の駅の構造は相対式ホーム2面2線の高架駅で、一部のミュースカイを除いて、快速特急、特急などすべての列車が停車する。尾張横須賀駅の北西には元浜公園が存在し、東海市浄化センター、下水道資料館が置かれている。

尾張横須賀駅。◎1979（昭和54）年4月　提供：名鉄資料館

◎寺本駅

知多市最初の駅となる寺本駅は、愛知電気鉄道時代の1912（明治45）年2月に開業している。現在の

寺本駅。◎1982（昭和57）年2月　提供：名鉄資料館

駅は1982（昭和57）年3月に橋上駅舎が誕生した地上駅で、相対式ホーム2面2線を有している。この駅の所在地は知多市であるが、知多市が成立する前は八幡町（村）だった。この八幡町という町名は、寺本駅の北東にある八幡神社に由来している。この寺本駅の西側には、陸上競技場、野球場などがある知多運動公園が存在している。

◎朝倉駅

　朝倉駅は知多市を代表する駅で、駅の北側に知多市役所が置かれている。1970（昭和45）年に成立した知多市の人口は現在、8万4000人。つつじが丘団地などの住宅地が誕生したことで、近年は増加傾向にある。このうち、古い街並みの残る岡田地区は、知多木綿の産地として有名な「木綿の街」である。

　朝倉駅は、愛知電気鉄道時代の1923（大正12）年2月に開業している。1982（昭和57）年9月に高架化され、現在の駅の構造は相対式ホーム2面2線を有する高架駅となっている。高架化前は、下りホームに面して民家の玄関が接していた。

朝倉駅。◎1979（昭和54）年11月　提供：名鉄資料館

◎古見駅

　この古見駅と朝倉駅との間は0.9キロとかなり短い。駅の開業は、愛知電気鉄道時代の1912（明治45）年2月である。現在の駅の構造は、相対式ホー

古見駅。◎1927（昭和2）年　提供：名鉄資料館

ム2面2線を有する地上駅で、2005（平成17）年1月から無人駅となっている。朝倉駅、古見駅付近のすぐ西側もかつては美しい海岸線が続いていたが、現在は埋立地が造成され、名古屋港の一部となっている。この北浜町には、LIXIL知多工場、JXTGエネルギー知多製造所などが置かれている。

◎長浦駅

　この長浦駅は、愛知電気鉄道が常滑線を開通した際には設置されておらず、かなり遅れた1930（昭和5）年9月に開業している。1970（昭和45）年9月に無人化され、現在の駅の構造は、相対式ホーム2面2線を有する地上駅となっている。

　この長浦駅から次の日長駅にかけての沿岸部にも、名古屋港の一部となっている埋立地が存在する。住居表示は南浜町で出光興産愛知製油所の原油タンクが存在し、沖合には30万トン級タンカーが着桟できる伊勢湾シーバースがある。

長浦駅。◎1961（昭和36）年8月6日　撮影：白井 昭

◎日長駅

　現在の知多市の前身である知多町が誕生する1955（昭和30）年まで、このあたりには旭町（村）が存在した。さらにさかのぼれば、駅名の由来となっている日長村があり、1906（明治39）年に金沢村と合併して、旭村となっている。日長駅の東側に鎮座し、日長命、ヤマトタケルを祀る日長神社には、「日長」に関する伝説が残されている。ヤマトタケルが東征の際にこの地を訪れ、里人に地名と日暮れ時を訪ねたところ、里人は「日は未だ高し」と答えたことで、ヤマトタケルはここを「日高」と呼んだという。「日高」が「日永」となり、やがて「日長」に変わったとされる。

　日長駅は、愛知電気鉄道時代の1912（明治45）年2月に開業している。1970（昭和45）年9月に無人駅となり、現在の駅の構造は相対式ホーム2面2線

を有する地上駅である。この日長駅まで、常滑線は西知多産業道路（国道155号）と並行して走っている。駅の西側には、知多市南部浄化センターが置かれている。

日長駅。◎1961（昭和36）年8月6日　撮影：白井　昭

◎新舞子駅

　古来より美しい海景が見られる場所として有名だった兵庫県の舞子浜（海岸）にならって、「新舞子」と名付けられた歴史をもつ。1912（明治45）年2月、美しい砂浜が続く海沿いの場所に開業した新舞子駅は、長く海水浴場、保養地の玄関口としての役割を担ってきた。1962（昭和37）年7月に駅舎を改築。2010（平成22）年3月に西改札口が開設され、7月に現在の東口駅舎が誕生した。現在の駅の構造は、相対式ホーム2面2線を有する地上駅である。

　かつての美しい砂浜の新舞子海水浴場に代わり、1997（平成9）年4月に沖合には人工島が誕生。新舞子駅前付近から新舞子ファインブリッジで結ばれた、新しい海水浴場が開かれた。この新舞子マリンパークには、長さ400メートルの新舞子ブルーサンビーチがあり、ウミガメの産卵も確認されている。

新舞子駅。◎1961（昭和36）年　提供：名鉄資料館

◎大野町駅

　常滑市最初の駅、大野町駅は、愛知電気鉄道時代の1912（明治45）年2月に開業した際は「大野」を名乗っていた。当初は終着駅であり、1年後の1913（大正2）年3月に途中駅となり、この頃に「大野町」と駅名を改称している。1980（昭和55）年4月に駅舎が改築されており、現在の駅の構造は相対式ホーム2面2線をもつ地上駅である。

　新舞子海水浴場の南にあたる、このあたりの海岸も古い歴史をもつ海水浴場として知られている。古くは鎌倉時代に『方丈記』を記した鴨長明が訪れており、江戸時代の『尾張名所図会』には大野における潮湯治の様子が描かれている。明治維新後は、海水浴場と加温浴場が開設され、鉄道の開通により多くの海水浴客が訪れるようになった。

大野町駅。◎1961（昭和36）年　提供：名鉄資料館

◎西ノ口駅

　この西ノ口駅は、太平洋戦争中に一時休止し、戦後に復活した歴史をもつ。開業は愛知電気鉄道時代の1913（大正2）年3月である。空港線の開業に伴う輸送力増強のため、この駅には待避線と留置線を設けることとなり、2004（平成16）年12月に現在地に移転し、新しい駅となった。現在の駅の構造は島式ホーム2面4線の橋上駅で、移転前は相対式ホーム2面2線の地上駅だった。

　この駅の北東には、城山公園が存在するが、ここは室町時代に大野城があった場所である。大野城は

西ノ口駅。◎昭和30年代　提供：名鉄資料館

三河守護の一色氏が青海山に築いたもので、その後は佐治氏が本拠地とした。織田信長の弟、織田長益が入城した後、現在の知多市内にあった大草城に移り、大野城は廃城となった。現在、城跡の南部は青海山団地となっている。

◎蒲池駅

蒲池駅は、愛知電気鉄道時代が常滑線を全通させた3か月後の1913（大正2）年6月に開業している。半世紀以上前の1968（昭和43）年2月に無人駅となっており、現在の駅の構造は相対式ホーム2面2線の地上駅で、上下ホームの間は跨線橋で結ばれている。

駅の東側には、常滑公園と愛知県立常滑高等学校が並んで存在している。この常滑高等学校は、1896（明治29）年に常滑工業補習学校として開校。1901（明治34）年に常滑陶器学校となった後、愛知県常滑工業学校をへて、戦後の1948（昭和23）年に県立常滑高等学校となった。陶器学校の伝統をもつことから、普通科とともに全国でも珍しいセラミックアーツ科を有している。

◎榎戸駅

榎戸駅は、2002（平成14）年から2003（平成15）年にかけて、常滑線の高架化工事のために一時、終着駅となっていたことがある。このときは空港線の建設工事（高架化）に伴い、榎戸〜常滑間が休止され、2003年10月に営業を再開した。駅のすぐ西側には、LIXIL榎戸工場が存在する。また、漁港だった鬼崎には、鬼崎ヨットクラブが誕生している。

榎戸駅は太平洋戦争中の1944（昭和19）年11月に開業した。現在の駅の構造は相対式ホーム2面2線の地上駅で、無人駅となっている。

◎多屋駅

この多屋駅は、2度の駅休止を経験した珍しい駅である。まずは西ノ口駅と同様、太平洋戦争中に休止して、戦後に復活した歴史がある。多屋駅は1944（昭和19）年から1949（昭和24）年まで約5年間休止していた。また、2002（平成14）年1月から翌年10月まで空港線の建設工事のため休止していた。

多屋駅の開業は愛知電気鉄道時代の1913（大正2）年3月で、お隣の常滑駅との距離はわずか0.7キロである。現在の駅の構造は相対式ホーム2面2線の高架駅で、無人駅となっている。

◎常滑駅

常滑駅は、知多半島の西側に位置して南北に長く続いている、人口約5万7000人の常滑市の中心駅である。市の北側には名鉄の常滑線が走る一方で、最南部には半島の東側から知多新線が延びて来ているものの、市内に駅は設置されていない。1954（昭和29）年、常滑町、鬼崎町、西浦町、大野町、三和村が合併して成立した常滑市。この常滑駅があった旧常滑町（村）一帯は、江戸時代に常滑焼が復興した場所である。

常滑駅の開業は1913（大正2）年3月、常滑線の開通時で、長く終着駅だったが、2005（平成17）年に空港線が開業したことで、事実上の途中駅となった。この空港線の延伸の際に駅舎は移転・高架化されて、現在は島式ホーム2面4線の高架駅となっている。駅の南西には常滑市役所が存在し、この南側には常滑競艇場がある。

常滑駅。◎1972（昭和47）年3月　提供：名鉄資料館

榎戸駅。◎2002（平成14）年　提供：名鉄資料館

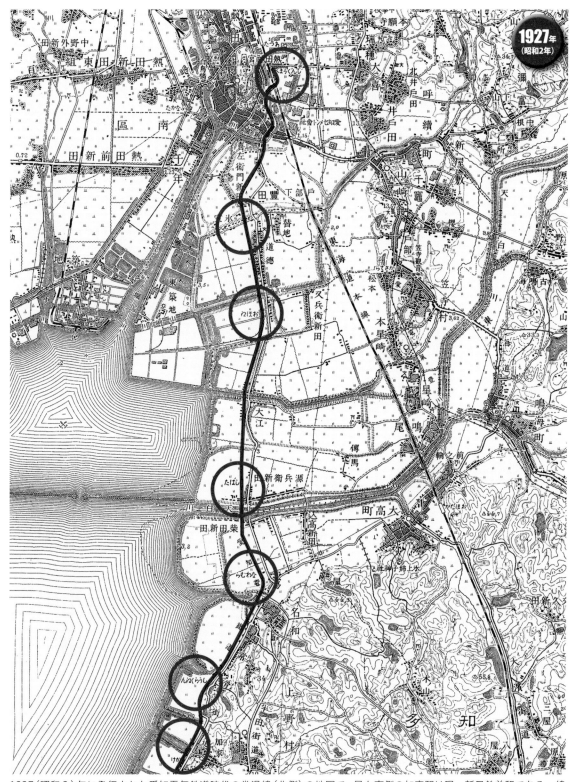

1927（昭和2）年に発行された愛知電気鉄道時代の常滑線（北側）の地図で、最も南側の加家駅は現・新日鉄前駅である。線路と並行する形で常滑街道が走っており、現在は西（海）側に西知多産業道路（国道155号）が通っている。この時期、沿線には新田が続いているが、こうした新田はやがて工業地帯や住宅地に変わり、さらに海側に埋め立て地が誕生することとなる。東側を走る東海道本線には大高駅が置かれているが、笠寺駅はまだ開業していなかった。

もと名岐鉄道の名車モ800形（登場時はデボ800形）の常滑行き普通。先頭はモ804。800系は1935年に登場し、名古屋〜岐阜間で特急として運行された。3、4両目は3ドアロングシートのモ3550−ク2550。
◎金山橋　1974（昭和49）年3月30日　撮影：阿部一紀

貨物輸送が廃止された後のデキは、レール・砕石・枕木などの社用品輸送がおもな活躍の舞台となり、時折、貨車を連ねて本線上を走行するシーンが見られた。◎神宮前　1984（昭和59）年2月　撮影：寺澤秀樹

当時、太田川には検車区があり、デキの列車検査や軸箱の油差しのため、大江〜太田川間にデキの回送列車が設定されていた。日によってはデキをまとめて回送することもあり、3重連単機で運転されることもあった。◎大江 1984（昭和59）年4月 撮影：寺澤秀樹

デキ400形402の牽く貨物列車。デキ400はもと愛知電気鉄道の機関車で2両あり1930、31年に1両ずつ日本車輌で製造された。主に築港線や常滑線で貨物列車を牽引した。◎大江 1966（昭和41）年1月6日 撮影：阿部一紀

河和線直通知多半田行きの3800系2両（モ3821-ク2821）車体が更新され正面は高運転台である。ドアは転換クロスシート化されているが、ドア付近は座席が撤去され立客がある。◎新日鉄前〜太田川 1984（昭和59）年6月4日 撮影：安田就視

スカーレット塗装の5200系（先頭は5209）の太田川行き。後ろ2両は大衆冷房車5500系である。太田川は常滑線と河和線の分岐駅で構内踏切があった。寺院を模した特徴ある駅舎だったが2011年に高架化された。
◎太田川　1984（昭和59）年6月4日　撮影：安田就視

常滑線から新名古屋（現・名鉄名古屋）、津島線経由尾西線佐屋行き。後追い撮影で最後部が3850系モ3854。前2両は7300系。7300系はSR車（高性能車）ではなくAL車だったため、AL車同士の連結は可能だった。後ろ2両の3850系は固定クロスシート。◎尾張横須賀〜太田川　1984（昭和59）年6月4日　撮影：安田就視

7000系一族に属していた7700系は本家のパノラマカー引退後も引き続き活躍を続けていたが、2010（平成22）年2月28日、3月21日のさよなら運転に先立ち、白帯が復活した。7711F編成を含む最後に残った3編成を連結した6両で団体列車が運転された。◎名和〜聚楽園　2010（平成22）年2月28日　撮影：寺澤秀樹

常滑駅は愛知電気鉄道により1913（大正2）年3月に開業。ホームは1面だが、陶磁器や農産物の貨物輸送が多く、構内には貨車が多数止まっていた。2002年1月から2003年10月まで高架化工事のため榎戸〜常滑間が運休（バス代行）、常滑〜中部国際空港間は2005年1月29日に開業した。◎常滑　撮影：山田虎雄

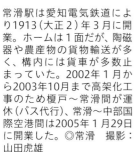

常滑駅ホームの情景。常滑線開通60周年の看板が見えるが開通は1913（大正2）年4月。陽の長い夏の夕刻で、若い女性のファッションが70年代を感じさせる。右に名鉄電車バス社員募集の看板がある。石油ショック前で景気は良く若い人材は奪い合いでもちろん正社員である。◎常滑　1973（昭和48）年8月27日　撮影：安田就視

常滑に到着した流線形3400系（車体更新後）の特急常滑競艇号。構内には貨車が滞留しているが、名産の陶磁器や農産物の輸送のため常滑線には貨物列車が運転されたが、1982（昭和57）年に貨物輸送は廃止された。◎常滑　1973（昭和48）年8月27日　撮影：安田就視

常滑駅の土管の積込風景。うず高く積まれた常滑土管が、貨車に積み込まれ貨物列車で全国へ発送された。常滑駅の貨物扱いは1982（昭和57）年に廃止されたが、それまで旅客ホームが1線、貨物ホームが3線の貨物主体の駅だった。◎常滑　1961（昭和36）年　提供：名鉄資料館

支線区の車両体質改善に役割を果たしたHL車は本線系では3730系が最後の活躍を続けていた。さよなら運転は1996（平成8）年3月20日に常滑線で実施され、多くのファンが別れを惜しんだ。◎道徳　1996（平成8）年3月20日　撮影：寺澤秀樹

1994（平成6）年、創業100周年を記念してその年の7月に特別仕様の1000系が運転を開始した。ブルーライナーと命名され、青色ベースの塗色に海側には明治村・リトルワールド・日本モンキーパーク、山側には南知多ビーチランド・内海フォレストパークをイメージしたイラストが描かれていた。ミュージックホーンも創業100周年のイメージソング「しなやかな風」のメロディーとなり、乗客に与えたインパクトは大きかった。
◎豊田本町　1997（平成9）年7月　撮影：寺澤秀樹

高架化前の太田川に進入する2000系。太田川はこの時からおよそ3年半後の2011（平成23）年12月に3層構造の大規模な高架駅に生まれ変わった。◎太田川　2008（平成20）年5月4日　撮影：寺澤秀樹

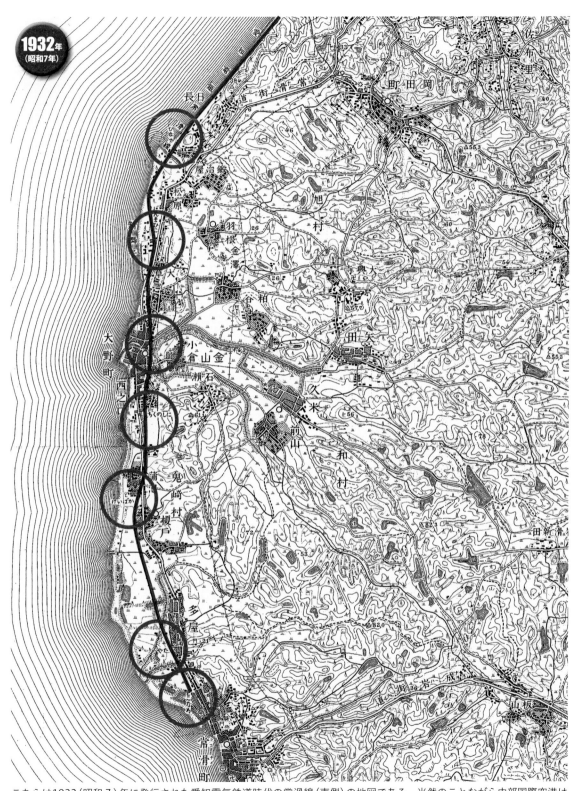

こちらは1932（昭和7）年に発行された愛知電気鉄道時代の常滑線（南側）の地図である。当然のことながら中部国際空港は誕生しておらず、空港線はまだ開通していない。この時期、常滑町が存在しており、北側は鬼崎村、三和村である。さらにその北側には旭村、岡田町が存在していた。その後、南側は常滑市に変わり、北側には合併により知多市が誕生している。地図上で最も上（北側）に見えるのは日長駅であり、新舞子駅、大野町駅・・・と中間駅が置かれている。

空港線

路線DATA

起点：常滑

終点：中部国際空港

開業：2005（平成17）年1月29日

　現在、日本各地の鉄道には、空港線と呼ばれる路線が存在している。そのひとつである名鉄の空港線は、常滑線と接続する常滑駅と、中部国際空港（セントレア）の玄関口となる中部国際空港駅を結ぶ4.2キロの路線となっている。空港関係者限定での開業は2004（平成16）年10月で、2005（平成17）年1月29日に一般旅客への営業を開始した。翌2月17日に中部国際空港が開港している。途中駅としては、りんくう常滑駅の1駅が置かれている。現在は、名古屋本線の名鉄岐阜駅・名鉄名古屋駅、広見線の新可児駅、犬山線の新鵜沼駅、各務原線の三柿野駅と中部国際空港駅との間に空港特急「ミュースカイ」が運行されている。

　中部国際空港（セントレア）が存在するのは、知多半島の付け根にある常滑市の西側、伊勢湾に造られた人工島（埋立地）である。現在は住居表示としての「セントレア」があり、1～5丁目が存在する。また、りんくう常滑駅の置かれているのは、同じく埋立地の「りんくう町」で、こちらは1～3丁目が存在する。中部国際空港の滑走路は、南北に細く延びる人工島の西側にあり、名鉄空港線の中部国際空港駅が置かれているのは、島の東側の中央付近（セントレア1丁目1）である。

◎りんくう常滑駅

　空港線唯一の途中駅であるりんくう常滑駅は、中部国際空港の開港に合わせて、愛知県が埋立造成した「中部臨空（りんくう）都市」の空港対岸部（前島）に位置している。計画時の駅名は「前島」だった。この駅は2004（平成16）年10月16日の暫定（空港関係者限定）開業時にはすべての列車が通過していたため、一般旅客営業開始時の2005（平成17）年1月29日に開業している。駅の構造は、相対式ホーム2面2線の高架駅となっている。

　この駅の所在地は常滑市りんくう町2丁目で、本線（常滑線）上にある常滑駅の南西にあたる。駅の北側にはイオンモール常滑、コストコ中部空港倉庫店があり、南側には常滑りんくうビーチ、NTPマリーナりんくうが存在する。

◎中部国際空港駅

　2004（平成16）年10月16日に空港関係者向けに暫定開業した中部国際空港駅の現在の構造は頭端式ホーム2面3線を有する高架駅となっている。なお、一般開業日は翌年の1月29日であった。開業時には2面2線のみが使用されており、ミュースカイ専用の1番線が誕生していなかった。2006（平成18）年4月に現在の構造となっており、将来的には2面4線のホームでの運用が可能である。駅の周辺には民家はなく、宿泊施設のセントレアホテル、東横イン中部国際空港が存在する。フライト・オブ・ドリームズ（ボーイング787展示）や愛知県国際展示場など集客施設が充実してきた。

中部国際空港駅。◎2005（平成17）年　撮影：田中義人

空港連絡橋のアプローチ勾配を駆け降りる2200系。中部国際空港への優等列車は全車特別車のミュースカイのほか、旅客需要に合わせて一部特別車特急も空港連絡の役割を担っている。◎りんくう常滑　2008（平成20）年5月25日　撮影：寺澤秀樹

1932年
(昭和7年)

中部国際空港

79ページの地図に続く、現在の常滑市の南側の地図であり、常滑駅は海(伊勢湾)に近い場所にあった。この地図で注目すべきは中央やや右側に見える、伊奈製陶所だろうか。1921(大正10)年、常滑の陶工だった伊奈初之丞が操業した伊奈製陶所は、現在のLIXILグループ(INAX)の前身であった。世界的な総合住宅設備メーカーに成長した現在も、LIXIL常滑本社は常滑市鯉江本町5丁目に置かれている。

建設が進んでいた中部国際空港(セントレア)の全景、2003(平成15)年7月時点の姿である。右奥には、常滑市の中心部がわずかに見え、名鉄空港線が通ることとなる橋梁、中部国際空港連絡道路が姿を現している。空港線は2004(平成16)年10月、空港関係者限定で暫定開業し、翌年(2005)年1月から一般客も利用できるようになった。
◎2003(平成15)年7月4日　提供：朝日新聞社

築港線

路線DATA

起点：大江

終点：東名古屋港

開業：1924（大正13）年1月15日

名古屋港は、日本における主要な国際貿易港（五大港）のひとつだが、幕末・明治における開港地ではなく、江戸時代から「宮の渡し」があった熱田港から発展したものである。その発展はめざましく、現在は名古屋市、東海市、常滑市、弥富市などにわたる巨大な港湾となっている。名古屋港の築港工事は明治中期に始まり、1907（明治40）年に名古屋港として開港している。そのため、名古屋港に向かう鉄道として、1911（明治44）年5月に国鉄（現・JR）の名古屋駅から延びる名古屋港線が建設された。この名古屋港線は現在、貨物線であるが、当初は旅客営業も行っていた。その後、名古屋港が南東側に拡大するにつれて、愛知電気鉄道（現・名古屋鉄道）の築港線、現在の名古屋臨海鉄道が開業して、名古屋港の内港地区（名古屋地区）における鉄道輸送を行う形となった。

築港線は、愛知電気鉄道時代の1924（大正13）年1月、常滑線と接続する大江駅から西六号（現・東名古屋港）駅に至る路線として開通した。この線には東六号（後の名電六号）駅が存在したが、現在は旅客営業を行わない貨物駅となっている。西六号駅は1932（昭和7）年1月に東名古屋港駅と改称している。1939（昭和14）年10月、大江〜東名古屋港間が複線化された。戦後、1959（昭和34）年9月、中部地方を襲った伊勢湾台風の被害で不通となり、10月に復旧したもの

の、現在まで単線の路線となっている。

最初の駅名が示すように、この東名古屋港駅は名古屋港に新しくできた六号地（大江埠頭）に置かれていた。やがて昭和戦前期から戦後期にかけて、七号地（昭和埠頭）、八号地（船見埠頭）、九号地（潮見埠頭）という新しい埠頭が名古屋港に誕生してゆくと、それぞれに延びる愛知県営専用鉄道の路線が建設されることとなる。その運営は名鉄に委託されて、名鉄築港線の構外側線として扱われてきた。しかし、1965（昭和40）年8月、名古屋臨海鉄道が開業し、これらの路線の運行を移譲した。

◎東名古屋港駅

東名古屋港駅は、名古屋市港区大江町に置かれている。「大江町」の地名は、この地を流れる大江川に由来しており、1920（大正9）年に第二期名古屋港拡張工事における六号地埋立地として誕生、翌年に南区大江町となり、1937（昭和12）年に港区大江町となった。なお、築港線・常滑線の大江駅は、名古屋市南区加福本通2丁目に置かれており、こちらは江戸時代に開発された加福新田に由来している。

現在の東名古屋港駅は、単式ホーム1面1線の構造で、改札口のない地上駅である。ここはかつての旅客ホームがあった場所で、貨物ホーム・駅舎はさらに港（西）側に存在した。そのため、営業キロは1.9キロとされており、現在は1.5キロと変更されている。

東名古屋駅は1924（大正13）年1月に西六号として開業。周辺工場への通勤者のための駅で、JR西日本の和田岬駅（神戸市内）と似ている。現在はこの駅には改札はなく、大江に乗り換え改札があり乗車券などをチェックする。
◎東名古屋港　撮影：山田虎雄

凸形のデキ370形377。もと愛知電気鉄道で1928（昭和3）年に日本車輛で製造されたが機器は米国ウェスチングハウス製である。◎東名古屋港　1966（昭和41）年1月6日　撮影：阿部一紀

東名古屋港駅。◎1959（昭和34）年11月6日　提供：名鉄資料館

大江駅で築港線の列車を待つ通勤客。両端に電気機関車を連結した客車列車が到着し、折返しの東名古屋港行きとなる。◎大江　1962（昭和37）年頃　提供：名鉄資料館

デキ803とデキ376に挟まれた客車列車が東名古屋港（左方）へ向かう。車両不足の時代で、寄せ集めの客車をつないで運行され、運転中の連結器の音から「ガチャ」と呼ばれた。◎大江〜東名古屋港　1958（昭和33）年4月　撮影：白井 昭

デキ803を先頭にした築港線の通勤列車。築港線の旅客列車は朝夕しか走らなかったが、貨物輸送の動脈で複線だった。1959（昭和34）年の伊勢湾台風で被災し、単線化された。◎大江〜東名古屋港　1958（昭和33）年4月　撮影：白井 昭

大江駅は愛知電気鉄道により1917（大正6）年5月に開業。築港線との乗り換え駅。2面3線で3番線（画面左）に築港線が停車。築港線大江〜東名古屋港間は1924（大正13）年1月に築港線として開通。沿線工場への通勤電車が朝夕だけ走る。◎大江　撮影：山田虎雄

築港線専用のク2791先頭の大江行き。編成はク2791－ク2815－モ3791で両端は1975年に東濃鉄道からの転入車で中間は3800系のクハ。ホームが低くドアと段差があり会社帰りのOLも乗り込むのに一苦労。◎東名古屋港　1984（昭和59）年6月4日　撮影：安田就視

かつては各地で見られた鉄道線同士の平面クロスだが、現在ではここが日本で唯一の存在となっている。独特のジョイント音を響かせながら列車が通過する光景は築港線の一番の見どころとなっている。◎大江～東名古屋港　2015（平成27）年7月15日　撮影：寺澤秀樹

築港線は新車の回入ルートとして利用されており、時折、列車の運転がない時間帯に甲種輸送が行われる。自社の新造車両のほか、名古屋市交通局の新造車両も輸送の対象となっている。業務は名古屋臨海鉄道が受託しており、同社のディーゼル機関車が大江まで乗り入れている。◎大江～東名古屋港　2013（平成25）年7月13日　撮影：寺澤秀樹

河和線

路線DATA

起点：太田川

終点：河和

開業：1931（昭和6）年4月1日

　河和線は、常滑線と接続する太田川駅から分かれて、河和駅に至る28.8キロの名鉄の路線である。常滑線が知多半島の西岸を走るのに対し、この河和線は半島中部を南下しながら東に向かい、やがて東岸を走ることとなる。途中の知多武豊駅付近までJR武豊線が通っているが、その先の美浜町、南知多町では、富貴駅から分岐する知多新線を含めた名鉄が唯一の鉄道路線となっている。駅の数は、起点となる太田川駅を含めて、１９駅が存在する。

　この河和線のルーツは、知多半島に鉄道路線を建設した知多鉄道で、1931（昭和6）年4月に太田川〜成岩間が開通した。翌年7月に成岩〜河和口間が延伸。1935（昭和10）年8月に河和駅まで全通している。1943（昭和18）年2月、知多鉄道が名鉄に吸収、合併されて名鉄知多線となり、戦後の1948（昭和23）年5月に河和線に改称した。当初は知多半田駅までは単線区間だったが、昭和30年代から40年代にかけて複線化を進めて、河和口駅まで複線化された。現在も河和口〜河和間は単線区間となっている。

　東海市に置かれている太田川駅を出た河和線は、知多市、阿久比町、半田市、武豊町を経由して、河和駅のある美浜町まで続いている。東浦町にも線路は通っているが、駅は置かれていない。阿久比町、武豊町、美浜町は知多郡に属しており、知多市、半田市もかつては知多郡に含まれていた。東海市は1969（昭和44）年に上野町、横須賀町が合併して成立している。また、知多市は1970（昭和45）年に知多町が市制を施行して誕生したが、知多町の成立以前には八幡町、岡田町、旭町が存在していた。半田市は戦前の1937（昭和12）年、半田町、成岩町、亀崎町が合併し、知多半島で最初の市となった。江戸時代、江戸と上方を結ぶ航路の港として栄えた半田港の存在が大きく、早くから商人の町として繁栄してきた。阿久比町の前身は、1906（明治39）年に誕生した阿久比村で、それ以前には坂部村、白沢村、福住村などが存在した。武豊町は1878（明治11）年に長尾村

と大足村が合併して武豊村となり、1891（明治24）年に武豊町となった後、1954（昭和29）年に富貴村と合併した。美浜町は1955（昭和30）年に河和町と野間町が合併して誕生した。

◎高横須賀駅

　高横須賀駅は知多鉄道時代の1931（昭和6）年4月に開業。2000（平成12）年5月に高架化された。現在の駅の構造は、相対式ホーム2面2線を有する高架駅となっている。高横須賀駅は、東海市高横須賀町松本に置かれているが、この「高横須賀」は横須賀村の本郷にあたり、横須賀町方の上に位置していた。町方には尾張藩の屋敷があったことから、「上」の代わりに「高」を用いたとされる。かつては高横須賀村が存在した。

高横須賀駅。◎昭和30年代　提供：名鉄資料館

◎南加木屋駅

　南加木屋駅は、東海市加木屋町南平井に置かれている。かつて、高横須賀駅との間には加木屋駅があり、「南」を冠した駅名が採用された。加木屋駅の存在があったため、高横須賀〜南加木屋間の距離は、2.8キロとやや長くなっている。南加木屋駅は1931（昭和6）年4月に開業。1983（昭和58）年3月に駅舎が改築され、2007（平成19）年3月に現在の駅舎が完成した。現在の駅の構造は相対式ホーム2面2線を有する地上駅で、ホーム間は跨線橋で結ばれている。一部の特急を除くすべての列車が停車する。

　この南加木屋駅のある場所は、東海市の南部にあたり、東側の大府市、西側の知多市とは近い距離にある。駅の西側には愛知県立東海南高等学校、東海市立加木屋中学校、加木屋球場が並んで存在する。この東海南高校は1977（昭和52）年に開校した新しい学校である。

南加木屋駅。◎1985（昭和60）年9月　提供：名鉄資料館

◎八幡新田駅

　八幡新田駅は東海市南端の駅であり、知多市、東浦町との境界付近に置かれている。知多市の成立前には八幡町があり、西側には「八幡」の地名が広がっている。駅の開業は1931（昭和6）年4月で、2007（平成19）に駅舎が新設された。現在の駅の構造は相対式ホーム2面2線を有する地上駅（無人駅）で、上下線の南北にそれぞれ2つずつ小さな駅舎が置かれている。

◎巽ケ丘駅

　巽ケ丘駅は、河和線における知多市内でただひとつの駅。東浦町、阿久比町との境界線に近く、駅の周囲には巽ケ丘、東ヶ丘といった住宅地が広がっている。駅の開業は1955（昭和30）年7月で、名鉄による沿線の住宅地開発に伴って開設された新駅である。当初は西口側だけだった駅舎は、1987（昭和62）年に東口側にも誕生し、1996（平成8）年に西口駅舎が改築された。現在の駅の構造は相対式ホーム2面2線を有する地上駅で、上下ホームは構内踏切で結ばれている。

巽ケ丘駅。◎1975（昭和50）年2月　提供：名鉄資料館

◎白沢駅

　白沢駅は1931（昭和6）年4月に開業したときには、「知多白沢」の駅名で、1949（昭和24）年12月に現在の駅名である「白沢」となった。白沢駅の所在地は、阿久比町白沢豊石山である。駅の構造は相対式ホーム2面2線を有する地上駅である。駅の東側を知多半島道路が通っており、駅の南側で河和線と交差するが、この付近には白沢台団地が広がっている。

◎坂部駅

　白沢駅を出て南に向かう河和線は知多半島道路を越えて、やがて坂部駅に至る。この駅の西側には、知多半島道路の阿久比インターチェンジが置かれている。坂部駅の所在地は阿久比町卯坂で、駅周辺にはこの「卯坂」をはじめとして、駅南東の「猿田」「狐平井」など、動物にゆかりの地名が残っている。駅の西側にある曹洞宗の寺院、洞雲院はこの地を治めていた久松（松平）氏の菩提寺であり、徳川家康の生母、於大の方の墓があることでも知られている。戦国時代には、この南側に於大の方が嫁いだ久松氏の坂部城があって、跡地は城山公園、住宅地に変わり、阿久比町立図書館も建てられている。

　坂部駅は1931（昭和6）年4月に開業。駅の構造は相対式ホーム2面2線を有する地上駅で普通列車のみが停車する。次の阿久比駅との距離は1.1キロと短くなっている。

坂部駅。◎昭和30年代　提供：名鉄資料館

◎阿久比駅

　阿久比駅は1983（昭和58）年7月、阿久比町役場の付近に新設された駅である。その当時、南側の椋岡地区には椋岡駅が置かれており、距離が近いために統合が計画されていた。1931（昭和6）年に開業した椋岡駅はこの後、2006（平成18）年12月に

廃止されることとなる。阿久比駅の所在地は阿久比町阿久比で、駅の構造は島式ホーム2面4線の地上駅である。

　阿久比町は、現在の人口が2万8000人で、知多半島にあるものの、海には面していない。1994（平成6）年に町制50周年を記念して「ほたるサミットあぐい94」が開催されており、「ホタルが飛び交う町」としての取り組みを行っている。

阿久比駅。◎1984（昭和59）年4月　提供：名鉄資料館

◎植大駅

　植大駅は1931（昭和6）年4月に開業し、1968（昭和43）年に10月に現在のような無人駅となった。駅の構造は相対式ホーム2面2線を有する地上駅で、上下ホームの間は構内踏切で結ばれている。特急、急行などは通過し、普通のみが停車する。この駅の西側には、河和線に沿う形で阿久比川が流れてきたが、駅の南西で矢勝川を合流して南東に向かい、やがて衣浦湾に注ぐ。

◎半田口駅

　植大駅を出た河和線の列車は、やがて矢勝川を渡って半田市に入り、半田口駅に到着する。この半田市は、「ごん狐」ほかで知られる童話作家、新美南吉の故郷である。半田口駅の西側、矢勝川に近い「ごん狐」の舞台となった場所には1994（平成6）年、新美南吉記念館が建てられている。また、「ごんごろ鐘」の記念碑がある小公園「第3号ごんごろ緑地」が矢勝川の下流に開園している。

　半田口駅の開業は1931（昭和6）年4月で、太平洋戦争中に一時休止し、戦後に復活した際に無人駅となった。現在の駅の構造は相対式ホーム2面2線を有する地上駅で優等列車は通過する。

◎住吉町駅

　この住吉町駅を含む河和線の区間は駅間が短く、

お隣の半田口駅、知多半田駅との距離はともに0.8キロである。住吉町駅は1933（昭和8）年7月、農学校前駅として開業している。この駅名は、当時の愛知県半田農業学校（現・半田農業高等学校）にちなんだもので、この学校は1886（明治19）年に農業講習所として開校している。現在、東側には半田高等学校が存在するが、こちらの学校は1919（大正8）年に愛知県立第七中学校として開校し、戦後に県立半田高等学校となった。また、3つ目の高校となる県立半田工業高校が1963（昭和38）年に西側に開校している。

　1949（昭和24）年12月、駅名の改称を行い、現在の住吉町駅となった。駅の構造は相対式ホーム2面2線を有する地上駅で、橋上駅舎を有している。駅の東側には、カブトビールの半田工場だった赤レンガ倉庫が残り、展示室やカフェのある半田赤レンガ建物として公開されている。

住吉町駅。◎1978（昭和53）年4月　提供：名鉄資料館

◎知多半田駅

　知多半島を南下してきた河和線は、同じく東側を下ってきたJR武豊線と近づいて、ほぼ並行する形で進むようになる。半田市内の中心部に近い場所にある知多半田駅は、東側の半田駅と並んで置かれており、乗り換えが可能な駅となっている。そのため、1931（昭和6）年4月に開業した知多半田駅は、当初から「知多」を冠する駅名を名乗ってきた。

知多半田駅。◎1972（昭和47）年　提供：名鉄資料館

河和線の主要駅である知多半田駅は、1989（平成元）年に7月に駅改良工事が完成し、現在のような島式、相対式ホームを組み合わせた2面3線の構造となった。駅舎は近代的な橋上駅舎であり、駅前広場の東側に建つ商業施設「クラシティ半田」とは歩道橋で結ばれている。特急、急行などすべての列車が停車する。なお、半田市役所は、JR半田駅の東側に置かれている。

◎成岩駅

成岩駅は1931（昭和6）年4月に開業しており、当時は終着駅だった。1932（昭和7）年7月に成岩〜河和口間が開通し、途中駅に変わっている。長く駅員が配置されていたが、2007（平成19）年2月に無人駅となった。駅の構造は相対式ホーム2面2線を有する地上であり、西側には、知多半島道路と南知多道路を結ぶ半田インターチェンジが存在する。

成岩駅。◎1960（昭和35）年12月　提供：名鉄資料館

成岩駅。◎1960（昭和35）年7月19日　提供：名鉄資料館

◎青山駅

東側を走る武豊線の東成岩駅に対応する形で、河和線に置かれているのが青山駅である。もっとも、駅の開業は東成岩駅が1933（昭和8）年12月であるのに対し、この青山駅は同年7月に「南成岩」の駅名で誕生している。現在の「青山」に駅名改称した

のは、2005（平成17）年1月で、駅の所在地は半田市青山1丁目である。現在の駅の構造は相対式ホーム2面2線を有する高架駅で、2012（平成24）年から翌年にかけて上下線が高架化された。特急、急行ほかすべての列車が停車する。

◎上ゲ駅

上ゲ駅は、武豊町下門に置かれている駅で、「上ゲ」の駅名は南東に広がる字名「上ゲ」から採られている。この駅は1932（昭和7）年7月、成岩〜河和口間が延伸した際に開業している。現在の駅の構造は相対式ホーム2面2線を有する地上駅で、上下線それぞれに駅舎があり、無人駅となっている。駅の南西には、武豊町歴史民俗資料館、武豊町立図書館が存在する。

上ゲ駅。◎1960（昭和35）年2月28日　提供：名鉄資料館

◎知多武豊駅

上ゲ駅と知多武豊駅、次の富貴駅を含む河和線は、ほぼ直線で南に進んでゆく。この知多武豊駅は1932（昭和7）年7月、河和線の成岩〜河和口間が延伸した際、国鉄（現・JR）武豊線の終着駅である武豊駅に対応する形で開業している。駅の所在地は武豊町道崎である。現在の駅の構造は相対式ホーム2面2線を有する地上駅で、上下線ホームは跨線橋で

知多武豊駅。◎1977（昭和52）年7月　提供：名鉄資料館

結ばれている。特急、快速急行などすべての列車が停車する河和線の主要駅であり、駅のすぐ西側に置かれている武豊町役場の最寄り駅となっている。

◎富貴駅

　この富貴駅は、河和線と知多新線が分岐する駅となっている。富貴駅は1932（昭和7）年7月、河和線の成岩～河和口間が延伸した際に開業しており、1年後の1933年7月、知多武豊駅との中間に浦島駅が開業した。この浦島駅は太平洋戦争中に休止し、1969（昭和44）年4月に廃止された。その後、1974（昭和49）年6月に知多新線の富貴～上野間が開通している。富貴駅の構造は島式、相対式ホームを組み合わせた2面3線の地上駅である。富貴駅の南東には現在、中部電力武豊火力発電所が存在している。

　「富貴」の駅名は、かつて存在した富貴村に由来している。この「富貴」はもともと「負亀」で、「おぶがめ」から「ふき」に転じたとされる。駅の南側には、825（天長2）年に建立されたという竜宮神社があり、付近には浦島太郎にまつわる伝説、地名が残されており、「浦島」という駅名の由来にもなった。江戸時代からあった富貴村は1878（明治11）年に東大高村、市原村と合併して三芳村となったものの、5年後の1883（明治16）年に分立して、富貴村が復活。1955（昭和30）年に武豊町と合併するまで存在した。

富貴駅。◎1986（昭和61）年11月　提供：名鉄資料館

◎河和口駅

　1932（昭和7）年7月、知多鉄道が成岩～河和口間を開通した際には、富貴～河和口間に四海波駅が開設されていた。四海波駅の東側には四海波海岸、竜宮海水浴場があり、別荘地の玄関口ともなっていたが、1972（昭和47）年4月に布土駅と統合されて廃止された。その後、布土駅も2006（平成18）年12

月に廃止されている。このため、富貴～河和口間の駅間は3.5キロと長くなっている。この河和口駅は美浜町布土中平井に位置しており、1932（昭和7）年7月に開業した。現在の駅の構造は相対式ホーム2面2線を有する地上駅である。

河和口駅。◎1961（昭和36）年8月8日　提供：名鉄資料館

◎河和駅

　河和線の終着駅は、1935（昭和10）年8月に開業した河和駅である。河和口駅を出た河和線は、逆S字形にカーブを繰り返して河和駅に到着、両駅の間は単線区間となっている。河和駅の所在地は、美浜町河和北田面で、駅の構造は櫛型ホーム2面4線を有する地上駅となっている。1979（昭和54）年4月に駅ビルが誕生。名鉄ストア河和店が入居していたが、現在はパレマルシェ河和店と変わっている。知多半島の東側には、この駅から先に鉄道路線・駅はなく、南知多町方面に向かうには知多乗合、南知多町営バス、美浜町営バスなどを利用することとなる。

　伊勢湾に面した河和の街には河和港、河和海水浴場が存在する。河和港からは伊勢湾に浮かぶ日間賀島、篠島を経由して、伊良湖港に向かう名鉄の海上観光船が運航されている。知多半島と渥美半島の間、伊勢湾の入り口付近にある日間賀島、篠島は佐久島と合わせて「三河湾三島」と呼ばれ、観光客も多く訪れる島となっている。

河和駅。◎1975（昭和50）年6月9日　提供：名鉄資料館

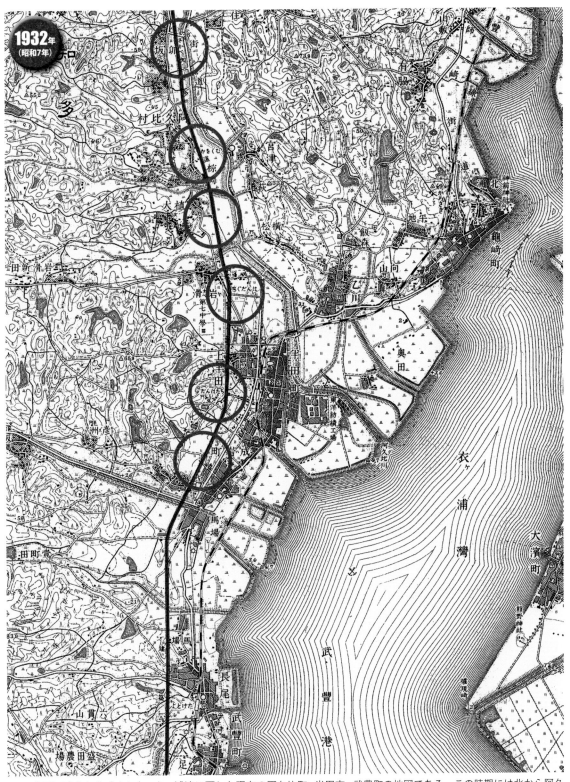

1932（昭和7）年

1932（昭和7）年に作成された、衣ヶ浦湾に面した現在の阿久比町、半田市、武豊町の地図である。この時期には北から阿久比村、半田町、成岩町、武豊町が存在していた。知多鉄道（現・名鉄河和線）は1931（昭和6）年4月に成岩駅まで開通しているが、その先の河和口駅までの延伸は翌1932（昭和7）年7月であり、路線の横には建設中の文字が見える。国鉄武豊線は、武豊駅が終着駅であるが、この当時は約1キロの貨物支線が武豊港駅まで延びていた。

高架化されて間もない頃の高横須賀付近を走る7500系。2000（平成12）年5月に高架化された高横須賀付近は河和線最初の
高架区間となった。◎高横須賀　2001（平成13）年5月12日　撮影：寺澤秀樹

新名古屋（現・名鉄名古屋）経由犬山行きの特急。当時、特急は座席指定で7000系パノラマカーの白帯車が使用された。観光色の強い河和線、知多新線の特急はそれぞれ毎時1本（新名古屋～富貴間は30分毎）だが特急料金250円が必要だった。
◎上ゲ～知多武豊　1984（昭和59）年6月4日　撮影：安田就視

知多武豊を通過する7000系6両の座席指定特急内海行き。昼間は新名古屋（現・名鉄名古屋）から特急河和行き、内海行きが交互に30分間隔で発車した。国鉄（現・JR）武豊駅は画面中央の踏切を右方向に徒歩10分ほど。◎知多武豊　1984（昭和59）年6月4日　撮影：安田就視

7000系の引退がカウントダウンの様相を呈していた頃、最後の7000系となった白帯車7011F編成と7700系を併結したイベント列車が企画された。それに合わせて7711F編成に白帯が復活、途中駅で分割を行う併結特急を再現したイベント列車が運転され、河和線を走行した。◎坂部～阿久比　2009（平成21）年7月11日
撮影：寺澤秀樹

1984年12月に登場した「パノラマDX」8800系の２両編成。小人数グループ旅行のための観光特急として新鵜沼〜新名古屋〜河和、内海間で運行された。正面は「蚕（かいこ）」を思わせる独特なデザインで運転席が展望席の下にある。
◎知多武豊〜富貴　1987（昭和62）年６月１日　撮影：安田就視

1932（昭和７）年７月、当時の知多鉄道によって開業し当時は中間駅だった。ホームに3600系が停車中。1974（昭和49）年６月知多新線が開通した。自転車に乗ったセーラー服の女学生からのどかな駅の情景が伝わる。◎富貴　撮影：山田虎雄

開設時の姿を残していた河和駅。河和線全線開通の1935 (昭和10) 年 8 月に知多鉄道により開設され、リゾート地を意識したデザイン。名古屋まで特急30分毎の看板がある。1979 (昭和54) 年に駅ビル化された。駅前では子供 2 人と自転車に乗るお母さんが奮闘している。◎河和　1973 (昭和48) 年 8 月27日　撮影：安田就視

河和駅でのHL車の競演。右は3780系 2 両の準急津島行き (ク2782-モ3782)、左はドア間が転換クロス化された3700系 2 両 (ク2702－モ3702)。背後に河和駅舎が見える。名鉄は古い駅舎を残さない傾向があるが、昭和モダニズム建築が消えたのは残念である。◎河和　1973 (昭和48) 年 8 月27日　撮影：安田就視

知多新線

路線DATA

起点：富貴

終点：内海

開業：1974（昭和49）年6月.30日

　鉄道路線のなかった知多半島の南部に向かう路線としては、戦前から愛知電気鉄道（現・名古屋鉄道）の内海線などが計画されていた。戦後も常滑線の常滑駅、河和線の河和駅などから延びる新線として、常滑ルート、河和ルート、野間ルートの3つが候補に上がっていた。この中から選ばれたのが当初、武豊信号所を分岐点とする案の野間ルートで、1966（昭和41）年に運輸（現・国土交通）省に敷設免許申請を行い、1967（昭和42）年に認可された。その後、1968（昭和43）年に分岐点は富貴駅に変更され、1971（昭和46）年にようやく工事の着工にこぎつけた。

　1974（昭和49）年6月、富貴〜上野間間が開業。1975（昭和50）年7月に知多奥田駅、1976（昭和51）年4月に野間駅まで延伸。1980（昭和55）年6月に現在の終着駅である内海駅まで全通している。知多新線の全長は13.9キロで、全線が単線となっている。当初の駅は河和線との分岐点（起点）となる富貴駅を含む5駅だったが、1987（昭和62）年4月に美浜緑苑駅が加わっている。この知多新線の駅のうち、武豊町にある富貴駅、南知多町にある内海駅を除いた4駅は美浜町に置かれている。富貴〜上野間間の区間の一部は、常滑市内を通っているが、市内に駅は存在しない。この知多新線では特急、快速急行、急行、普通の全列車が各駅に停車する。

　美浜町は1955（昭和30）年に半島東部の河和町と西部にあった野間町が合併して誕生しているが、1957（昭和32）年には西部にあった小鈴谷町のうち、上野間地区（旧上野間村）を編入している。知多奥田、野間駅のある場所は、旧野間町である。また、内海駅のある場所は南知多町の北部にあたり、かつては内海町が存在していた。1961（昭和36）年に内海町、豊浜町、師崎町、篠島村、日間賀島村が合併し、南知多町が成立している。

◎上野間駅

　上野間駅は、1974（昭和49）年6月に開業している。駅の構造は相対式ホーム2面2線の高架駅で、無人駅となっている。上野間駅の所在地は美浜町上野間小手廻間で、かつては上野間村が存在した。上野間村は1906（明治39）年、小鈴谷村などと合併して、小鈴谷村（町）となった後、1957（昭和32）年に美浜町に編入された。上野間駅の北側には坂井温泉、坂井海水浴場が存在する。

　この上野間駅と富貴駅との距離は5.8キロと、名鉄の中では最長の駅間となっている。両駅の間には別曽池信号所が存在しており、この信号所は1986（昭和61）年3月に開設された。

上野間駅。◎1974（昭和49）年6月30日　　提供：名鉄資料館

◎美浜緑苑駅

　美浜緑苑駅は1987（昭和62）年4月に開設された、知多新線における新駅で、駅名の「美浜緑苑」は名鉄が開発したニュータウンの名称である。駅の構造は単式1面1線の地上駅である。この駅を最寄り駅としているのが、画家の杉本健吉の作品を展示する杉本美術館である。1905（明治38）年、名古屋市に生まれた杉本はグラフィックデザイナーとして活躍し、小説の挿絵や名鉄、名古屋市営地下鉄などのポスター、商業デザインなどを手掛けた。1987（昭和62）年、名鉄が杉本作品を公開する杉本美術館を開館したことで、生前の杉本もこの地を訪れ、アトリエで制作を行っていた。

◎知多奥田駅

　知多奥田駅は1975（昭和50）年7月に開業、このときは終着駅だった。現在の駅の構造は相対式ホーム2面2線の高架駅で、知多新線で唯一の終日有人駅である。高架下には、飲食店などの地元テナントが入っている。駅の西側には南知多ビーチランド、南知多おもちゃ王国があり、東側には日本福祉大学の美浜キャンパスが広がっている。1957（昭和32）年に名古屋市で開学した日本福祉大学は、1983（昭和58）年にこの美浜町に移転してきた。現在は名古屋キャンパスとともに半田キャンパス、東海キャンパスを有しており、日本を代表する福祉教育機関となっている。

知多奥田駅。◎1975（昭和50）年7月6日
提供：名鉄資料館

◎野間駅

　野間駅は1976（昭和51）年4月に開業、このときは終着駅であり、1980（昭和55）年6月に内海駅に延伸して中間駅に変わった。現在の駅の構造は相対式ホーム2面2線の高架駅で、無人駅となっている。

野間駅。◎1976（昭和51）年8月　提供：名鉄資料館

　この野間は「野間大坊」と呼ばれる真言宗豊山派の寺院、鶴林山無量寿院大御堂寺があることで知られている。この寺は天武天皇の時代に役行者が創建したといわれ、行基や空海にもゆかりがあった。また、野間は平治の乱で敗れて東海道を下った清和源氏の大将で、源頼朝の父である源義朝が最期を遂げた地としても有名である。父のために大門を造営したといわれる頼朝をはじめとして、豊臣秀吉、徳川家康らも寄進を行い、寺はさらに発展した。現在も広い境内を有しており、知多四国八十八箇所霊場の第50番札所（本堂・大御堂寺）・51番札所（客殿・野間大坊）となっている。また、駅の南西には1921（大正10）年に初点灯された、愛知県最古の野間埼灯台が存在する。

◎内海駅

　南知多町で唯一の鉄道駅である内海駅は、1980（昭和55）年6月に開業している。駅の構造は島式ホーム2面4線の高架駅で、お隣の野間駅との距離は4.1キロとかなり離れている。これは当初、野間〜内海間には小野浦駅が開設される予定だったが、建設途中で中止されて、開業に至らなかったからである。この内海駅も当初、海岸寄りに建設される予定であったものの、小・中学校に近いために難航した。やがて丘陵部南側の現在地に建てられたが、皮肉なことに小・中学校も駅近くに移転していた。

内海駅。◎2000（平成12）年　提供：名鉄資料館

知多半島中央部の丘陵を横断するパノラマカー7000系白帯車の犬山行き特急。知多新線は単線だが複線分の用地が確保されている。◎上野間〜富貴　1987（昭和62）年6月1日　撮影：安田就視

知多新線はトンネルを多用して丘陵地帯を走る経路が選択されたため、車窓から海を望むことができる区間はほとんどない。1200系もリニューアル工事が終了し、登場時からのカラーリングは過去のものとなった。◎富貴〜上野間　2011（平成23）年5月15日　撮影：寺澤秀樹

5300・5700系は2019年12月に型式消滅となった。これにより、名鉄から一般車の2ドア車が消えることとなった。晩年は普通列車に使用されることが多かったが、平日の内海発着の全車一般車特急は本線急行用という登場時の目的を発揮できる運用だった。◎富貴～上野間　2011（平成23）年5月17日　撮影：寺澤秀樹

知多奥田での6000系同士の交換。左は内海発富貴行きで富貴で河和発の急行に接続。右が内海行き急行。河和、知多新線の急行は昼間毎時1本（富貴までは30分間隔）だった。当時の6000系は一方向きクロスシートだが狭くひじ掛けもなく不評だった。◎知多奥田　1984（昭和59）年6月4日　撮影：安田就視

知多奥田に進入する内海発新名古屋（現・名鉄名古屋）経由犬山行き特急。パノラマカー 7500 系 6 両編成。駅周辺は緑が多く残る。◎知多奥田　1984（昭和59）年 6 月 4 日　撮影：安田就視

内海駅で知多新線全線開通の発車式。運輸省の民鉄部長、愛知県知事、名鉄社長が出席しテープカット。
◎内海　1980（昭和55）年 6 月 5 日　提供：名鉄資料館

知多新線は知多半島南部（南知多）のリゾート開発のために建設され、1980（昭和55）年6月に富貴～内海間が全線開通し、新名古屋（現・名鉄名古屋）から直通特急が運転された。内海駅は高架駅で2面4線である。沿線の観光開発は進んでいないが、日本福祉大学（最寄り駅は知多奥田）への通学輸送がある。◎内海　撮影：山田虎雄

800系の引退が間近に迫った頃、モ811＝モ812の2両編成を使用した団体列車が内海まで入線した。前のモ811はオリジナルの800系、後ろのモ812は3500系からの編入改造車で、側窓がモ811は2段、モ812は1段となっており、側窓の形態に差異があった。◎内海　1996（平成8）年3月　撮影：寺澤秀樹

知多新線最初の開通区間富貴～上野間間の開通前の試運転。広報写真撮影用にパノラマカーを走らせた。撮影場所は別曽池付近で南知多道路と交差する付近である。◎富貴～上野間　1974（昭和49）年6月　提供：名鉄資料館

知多新線全線開通前の試運転初日。この日、初めて内海まで電車（パノラマカー）が運転された。
◎内海　1980（昭和55）年4月26日　提供：名鉄資料館

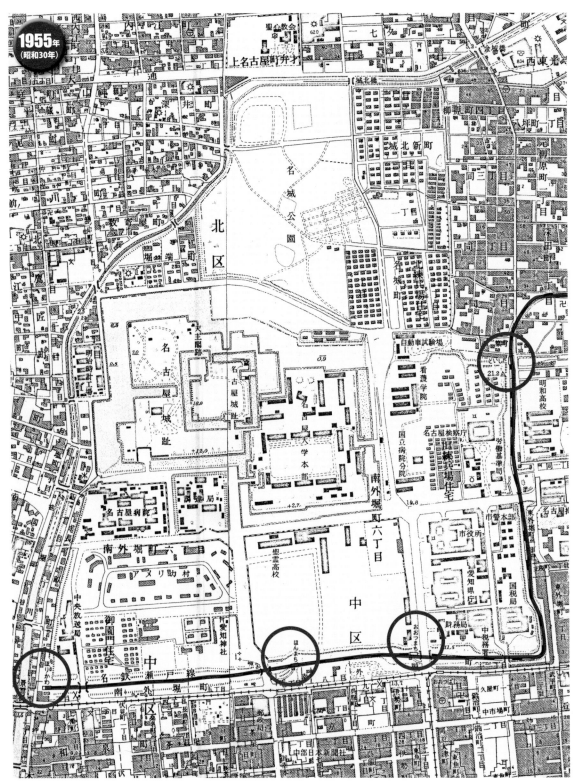

中央に大きく描かれた名古屋城の南東を走っていた、瀬戸線が見える地図である。左側（西側）に起終点駅の堀川駅が置かれ、本町駅、大津町駅、土居下駅と続いており、清水駅は地図外である。その下（南側）には、名古屋市電の路線も走っている。地図が作られた1955（昭和30）年といえば、市営地下鉄の1号線、名古屋〜栄間が開通する2年前である。この区間の瀬戸線も1976（昭和51）年2月に廃止されて、1978（昭和53）年8月に地下新線が誕生する。

3章
瀬戸線

◎瀬戸線　矢田〜守山自衛隊前　1989（平成元）年9月　撮影：寺澤秀樹

瀬戸線

路線DATA

起点：栄町

終点：尾張瀬戸

開業：1905（明治38）年4月2日

　名古屋市中心部の栄町駅と、瀬戸市の尾張瀬戸駅を結ぶ名鉄瀬戸線は、明治時代に瀬戸電気鉄道（前身は瀬戸自動鉄道）が建設した路線がルーツになっている。大正、昭和時代の名古屋側の始発駅（地上駅）は、現在の市営地下鉄鶴舞線の丸の内駅の北側に置かれていた堀川駅だったが、1978（昭和53）年8月に栄町駅に変わり、清水～堀川間の旧線は廃止された。この旧線は「外濠線」と呼ばれており、土居下、東大手、久屋、大津町、本町の5つの中間駅（停留場）が存在した。現在の瀬戸線の駅の数は20駅である。

　1902（明治35）年3月に設立された瀬戸自動鉄道は、まず1905（明治38）年4月に矢田～瀬戸（現・尾張瀬戸）間を開通させた。1906（明治39）年3月、名古屋側の大曽根～矢田間が延伸。この大曽根駅は後に国鉄（現・JR）線との連絡駅となる。同年12月には、瀬戸電気鉄道に社名を改称した。当初は非電化の路線であったが、1907（明治40）年3月に全線（大曽根～瀬戸間）が電化された。名古屋の中心部に近い部分では、1911（明治44）年5月に土居下駅、9月に御園駅まで延伸。最終的には1915（大正4）年1月に堀川駅まで延伸し、当時における全通を果たした。1939（昭和14）年9月、名古屋鉄道が瀬戸電気鉄道を合併し、名鉄の瀬戸線と変わった。

　この瀬戸線は、名古屋市の東区、中区、北区を通り、守山区、尾張旭市を経由して、瀬戸市に至る路線となっている。途中、大曽根駅ではJR中央本線の大曽根駅、新瀬戸駅では愛知環状鉄道線の瀬戸市駅と連絡している。いうまでもなく、瀬戸市は瀬戸焼（せともの）で有名な焼き物の一大産地であり、現在の人口は約12万7000人を数えている。また、尾張旭市は人口約8万2000人で、瀬戸市と同様に現在は名古屋のベッドタウンのひとつとなっている。

◎栄町駅

　1978（昭和53）年8月、瀬戸線が延伸した地下路線で、名古屋側の新しい起終点駅となったのが栄町駅である。駅の所在地は名古屋市東区東桜1丁目で、中区栄3丁目にある市営地下鉄東山線・名城線の栄駅とは、地下道で連絡している。駅の構造は島式ホーム1面2線の地下駅となっている。また、名城線・桜通線の久屋大通駅とも乗り換えは可能である。開業以来、名古屋を代表する繁華街である栄、錦の玄関口のひとつとなっている。

工事中の栄町駅。◎1978（昭和53）年　提供：名鉄資料館

栄町駅。◎1978（昭和53）年8月20日　提供：名鉄資料館

◎東大手駅

　この東大手駅は、瀬戸電気鉄道時代の1910（明治43）年10月に地上駅として開業。太平洋戦争中の1944（昭和19）年に休止していたものを、1978（昭和53）年8月の栄町駅への延伸時に移転、再開

東大手駅。◎1978（昭和53）年　提供：名鉄資料館

された地下駅である。現在の駅の構造は、相対式ホーム2面2線の地下駅となっている。西側には名古屋城があり、愛知県庁、名古屋市役所の最寄り駅でもある。南西には市営地下鉄名城線の市役所駅が置かれている。

◎清水駅

　瀬戸方面から見れば、名古屋城にぶつかる手前で南に大きくカーブしている瀬戸線。そのカーブの手前に置かれているのが清水駅である。開業は瀬戸電気鉄道時代の1911（明治44）年5月。開業当時は西春日井郡の清水町にあり、町名が駅名になっていた。1990（平成2）年9月に高架駅に変わっており、現在の駅の構造は相対式ホーム2面2線をもつ高架駅である。

　この駅の西側から瀬戸線は地下に入ることになるが、栄町駅まで延伸する前は土居下駅が存在した。この土居下駅は1911（明治44）年5月に終着駅として開業、同年10月に堀川駅まで延伸し、中間駅となった。1976（昭和51）年2月、延伸工事のために仮の終着駅となった後、1978（昭和53）年8月の延伸時に廃止された。

清水駅。◎1965（昭和40）年　提供：名鉄資料館

◎尼ケ坂駅

　この尼ケ坂駅と清水駅との駅間は0.5キロで、かなり短くなっている。一方、次の森下駅との駅間は0.9キロで、社宮祠駅、坂下駅（ともに廃駅）が置かれていた時代がある。この尼ケ坂駅の開業は1911（明治44）年5月で、駅の所在地は北区大杉1丁目である。1990（平成2）年9月に高架駅となり、2006（平成18）年7月に無人駅に変わっている。現在の駅の構造は相対式ホーム2面2線をもつ高架駅である。

　「尼ケ坂」の駅名は、駅の南側に鎮座し、蔵王大権現として崇敬されてきた片山神社の西の坂に由来する。神社を挟んだ東側の急な坂は「坊ケ坂（男坂）」、西側のなだらかな坂は「尼ケ坂（女坂）」と呼ばれ、美しい村娘と青年武士の悲恋の物語からそれぞれ名づけられたといわれている。現在、尼ケ坂公園に地名の由来を示す石碑が建てられている。

尼ケ坂駅。◎1960（昭和35）年1月　提供：名鉄資料館

◎森下駅

　この森下駅の南側には片山八幡神社が鎮座しており、江戸時代には神社の北側に足軽屋敷があり、森下組と呼ばれていたことから、森下町という地名が生まれたという。1915（大正4）年6月、瀬戸電気鉄道の森下駅が開業した。現在の駅の所在地は東区徳川2丁目である。1990（平成2）年9月に高架駅となり、現在の駅の構造は相対式ホーム2面2線をもつ高架駅で、無人駅となっている。駅の南東には徳川園、徳川美術館、蓬左文庫が存在する。またさ

森下駅。◎昭和31年頃　提供：名鉄資料館

らに南側には東区役所、中高一貫校の名門として知られる東海高等学校・東海中学校が置かれている。

この森下駅と大曽根駅との間には戦前、中央本線の大曽根駅との連絡のために「駅前」という名称の駅が置かれていた。1913（大正2）年7月に開業し、太平洋戦争中の1944（昭和19）年に休止。戦後に復活することはなく、1956（昭和31）年に廃止された。

◎大曽根駅

名古屋市北区と東区の区境に置かれている大曽根駅。名鉄瀬戸線とともにJR中央本線、市営地下鉄名城線、名古屋ガイドウェイバス（ゆとりーとライン）が乗り入れる名古屋のターミナル駅である。まず、1906（明治39）年3月、瀬戸自動鉄道が大曽根〜矢田間を開通させ、既に開通していた国有鉄道（現・中央本線）と連絡する駅として大曽根駅を設置した。その後、1911（明治44）年4月、地元民の念願だった国鉄（現・JR）の大曽根駅が開業した。地下鉄駅の開業は1971（昭和46）年12月である。

名鉄の大曽根駅の所在地は東区矢田南5丁目で、JRの大曽根駅の所在地は東区東大曽根町。また、地下鉄の大曽根駅の所在地は北区山田1丁目である。名鉄の駅は1983（昭和58）年8月に高架化されており、現在の駅の構造は島式ホーム1面2線を有する高架駅である。駅の南西には、三菱電機名古屋製作所が存在している。

大曽根駅。◎1978（昭和53）年　提供：名鉄資料館

◎矢田駅

瀬戸自動鉄道（後の瀬戸電気鉄道）が1905（明治38）年4月、現在の瀬戸線の主要部分を開業した際、西（名古屋）側の起終点駅となったのがこの矢田駅である。1906（明治39）年3月、矢田〜大曽根間が延伸して途中駅となり、駅の位置も若干、変化している。1997（平成9）年、南側にナゴヤドームが開業すると、名鉄における最寄り駅となった。現在の駅の構造は相対式ホーム2面2線をもつ地上駅で、無人駅となっている。南側には名古屋ガイドウェイバス（ゆとりーとライン）のナゴヤドーム前矢田駅が存在する。

この矢田駅と守山自衛隊前駅の間には、1921（大正10）年4月に守山口駅が開業している。この駅は太平洋戦争中の1944（昭和19）年に休止され、1969（昭和44）年4月に廃止されている。

矢田駅。◎大正末期　提供：名鉄資料館

◎守山自衛隊前駅

この守山自衛隊前駅は、時代とともに駅名の変遷を繰り返してきた。1905（明治38）年4月、瀬戸自動鉄道時代に聯隊前駅として開業。これは守山に陸軍の歩兵第33連隊が駐屯していたことによる。

守山市駅。◎1965（昭和40）年　提供：名鉄資料館

1941 (昭和16) 年2月、二十軒家駅となり、1946 (昭和21) 年6月に守山町駅、1955 (昭和30) 年2月に守山市駅となった。その後、守山市が名古屋市の一部である守山区に変わった後、1966 (昭和41) 年3月、現在の守山自衛隊前駅となった。当初の駅名が「聯隊前」であり、今度は「(守山) 自衛隊前」として先祖返りした形であるが、守山駅は東海道本線 (滋賀県) に存在しているため、重複を避けたこともある。なお、2001 (平成13) 年3月に開業した名古屋ガイドウェイバス (ゆとりーとライン) は、守山自衛隊前駅の北西に守山駅を設けている。

守山自衛隊前駅の所在地は守山区廿軒家で、この地名は江戸時代、犬山城主であった成瀬家の「御林」と呼ばれる森があり、その管理をする家臣の家が20軒あったことに由来している。現在の駅の構造は、相対式ホーム2面2線の地上駅で、無人駅となっている。

◎瓢箪山駅

1936 (昭和11) 年6月、瀬戸電気鉄道時代の終わりに開業した瓢箪山駅は、太平洋戦争中の1944 (昭和19) 年に休止し、戦後間もない1946 (昭和21) 年9月に復活している。現在の駅の構造は、相対式ホーム2面2線をもつ地上駅で、無人駅となっている。駅名の由来は、駅北側の守山小学校に寄り添うように存在する、守山瓢箪山古墳 (前方後円墳) であるが、「瓢箪山」と呼ばれる古墳は全国各地に存在している。また、近鉄奈良線 (大阪府) にも同じ駅名の瓢箪山駅が置かれている。

この瓢箪山駅と小幡駅の間には、1905 (明治38) 年4月に開業した、笠寺道駅が存在していた。この笠寺道駅は、笠寺観音 (笠覆寺) に向かう街道と交差する場所に設置された駅で、1944 (昭和19) 年に休止され、1969 (昭和44) 年4月に廃止されている。

◎小幡駅

瀬戸自動鉄道 (後の瀬戸電気鉄道) が1905 (明治38) 年4月、当時の東日井郡小幡村に小幡駅を開設した。小幡村は1906 (明治39) 年、高間村、二城村などと一緒に守山町に変わり、1954 (昭和29) 年に守山市に変わった。現在は名古屋市守山区となっており、駅の所在地は守山区小幡南1丁目である。小幡駅は1999 (平成11) 年5月、四代目駅舎の橋上駅舎が竣工。駅の構造は相対式ホーム2面2線の橋上駅である。なお、この駅から分岐して、北側の庄内川に近い龍泉寺方面に向かう龍泉寺線の建設計画も

あったが、実現することはなかった。この小幡駅と喜多山駅の間には戦前の一時期、小幡原駅が存在した。

小幡駅。◎1971 (昭和46) 年　提供：名鉄資料館

◎喜多山駅

1927 (昭和2) 年7月、瀬戸線の新駅として開業したのが喜多山駅である。1946 (昭和21) 年9月には、名鉄の喜多山工場が開設され、後に喜多山検車区に変わり、2007 (平成19) 年6月に廃止された。なお、喜多山乗務区が置かれているため、早朝・深夜にはこの駅を始発・終着とする列車が存在する。現在、高架化に向けての工事が行われている途中であり、仮駅の構造は島式2面3線のホームを有する地上駅である。完成後には高架駅となる予定である。駅の所在地は守山区喜多山2丁目である。駅の東側には国道302号 (名古屋環状2号線) が通っている。

喜多山駅。◎昭和32 〜 33年頃　提供：名鉄資料館

◎大森・金城学院前駅

瀬戸線における名古屋市内最後の駅がこの大森・金城学院前駅である。駅名が示すように北側に広がる、金城学院大学キャンパスの最寄り駅となっている。駅の開業は1905 (明治38) 年4月で、このとき

は大森駅を名乗っていた。1992（平成4）年11月、現在の駅名である「大森・金城学院前」に改称している。駅の所在地は守山区大森3丁目で、現在の駅の構造は相対式ホーム2面2線を有する地上駅である。

戦前には、大森駅と印場駅との間には、1927（昭和2）年7月に開業した霞ケ丘駅が存在したが、太平洋戦争中の1944（昭和19）年に休止され、1969（昭和44）年4月に廃止された。

大森駅。◎1956（昭和31）年11月　提供：名鉄資料館

◎印場駅

太平洋戦争中に休止されていた古い駅が、約半世紀ぶりに復活したのが印場駅である。1905（明治38）年4月に開業した印場駅は、1944（昭和19）年に休止、1969（昭和44）年4月にいったんは廃止となった。1995（平成7）年12月、周辺で住宅地が開発されたことに伴い、駅が再開業した。現在は相対式ホーム2面2線を有する地上駅で改札口など駅舎は地下に置かれている。駅の西側には、東名高速道路が走っている。駅の所在地は、尾張旭市印場元町北山である。

印場駅。◎大正時代　提供：名鉄資料館

◎旭前駅

この旭前駅の開業は太平洋戦争中の1942（昭和17）年であるが、それ以前に聾石駅（1905年開業）が存在しており、駅名改称が行われていたという見方もある。旭前駅の構造は相対式ホーム2面2線を有する地上駅で、現在は無人駅となっている。駅の南側、瀬戸街道（愛知県道61号）を渡った先には、県立旭野高校が存在する。この学校は1972（昭和47）年に開校している。

◎尾張旭駅

現在の尾張旭市は、1970（昭和45）年に東春日井郡の旭町が市制を施行して誕生している。それ以前、旭町の前身である旭村が誕生する1906（明治39）年以前には、印場村、八白村、新居村が存在した。この新居村に1905（明治38）年4月に開業したのが、現在の尾張旭駅である。開業時の駅名は「新居」で、1922（大正11）年4月に旭新居駅に改称している。1971（昭和46）年11月、現在の駅名である「尾張旭」に改めた。なお、旭駅はJR総武本線（千葉県）と土讃線（高知県）に存在している。

この尾張旭駅は1994（平成6）年7月、現在地に移転して、橋上駅舎が誕生した。現在の駅の構造は、島式2面3線の橋上駅となっている。2007（平成19）年6月、駅の西側に名鉄の尾張旭検車区（現・支区）が置かれ、瀬戸線車両の保守・検査を行う車両基地となっている。また、戦前にはこの駅と三郷駅との間に平池駅が置かれていた。この駅の北側には、平池養魚場があった。

旭新居駅。◎1965（昭和40）年　提供：名鉄資料館

◎三郷駅

この三里駅は、尾張旭市と瀬戸市の市境付近に置かれており、北側に広がる愛知森林公園の最寄り駅

となっている。開業は1905（明治38）年４月で、駅の所在地は尾張旭市三郷町栄である。現在の駅の構造は橋上駅舎で相対式ホーム２面２線を有する地上駅である。駅の東側、瀬戸市との境界付近には、パナソニックスイッチギアシステムズの本社・工場が存在する。1935（昭和10）年に開設された松下電器の瀬戸陶器工場が1943（昭和18）年に移転してきたもので、2018（平成30）年に現在の会社となっている。戦前には一時、三郷駅と水野駅との間に根ノ鼻駅が存在した。

三郷駅。◎1979（昭和54）年９月　提供：名鉄資料館

根ノ鼻駅。◎大正時代　提供：名鉄資料館

◎水野駅

　水野駅は1905（明治38）年４月、瀬戸自動鉄道時代に今村駅として開業している。1939（昭和14）年９月、現在の駅名である「水野」に改称している。愛知環状鉄道線には中水野駅が存在するが、両駅の距離はかなり離れている。なお、当初の駅名である「今村」は、尾張旭市の前身である旭町（村）の一部

となった八白村を構成していた今村に拠っており、この水野駅は瀬戸市の西端の駅である。現在の駅の構造は相対式ホーム２面２線を有する地上駅で、無人駅となっている。

水野駅。◎1965（昭和40）年　提供：名鉄資料館

◎新瀬戸駅

　瀬戸市の新しい市街地の中心地に置かれているのが、この新瀬戸駅である。東側を愛知環状鉄道線が通っており、北東に隣接する形で瀬戸市駅が置かれている。この瀬戸市駅の開業は1988（昭和63）年１月で、この場所には以前、県立瀬戸高等学校の校地が存在した。

　一方、名鉄の新瀬戸駅は、瀬戸自動鉄道（後の瀬戸電気鉄道）の開業時には存在せず、1927（昭和２）年２月に横山駅として開業した。1935（昭和10）年６月、尾張横山駅に改称し、1971（昭和46）年11月、現在の駅名である「新瀬戸」に改めた。1989（平成元）年７月、現在の橋上駅舎が誕生している。駅の構造

尾張横山駅。◎昭和40年頃　提供：名鉄資料館

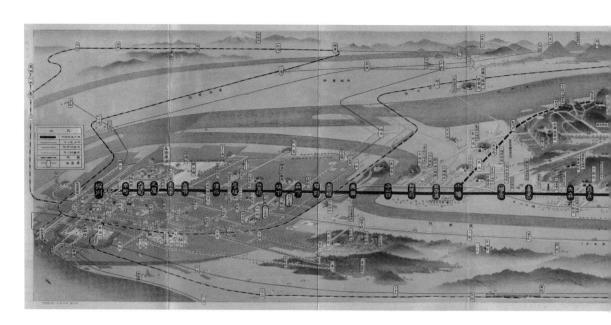

1905年（明治38）年の開業時の瀬戸駅初代駅舎。瀬戸駅は1921（大正10）年に尾張瀬戸駅と改称。
◎明治末期　提供：名鉄資料館

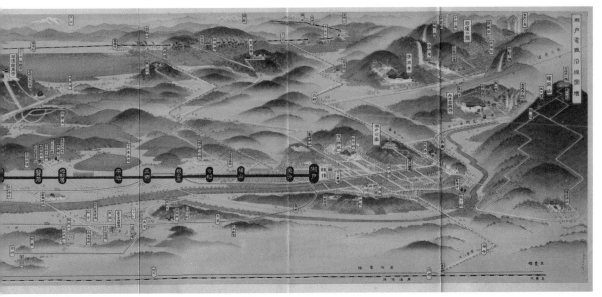

【瀬戸電鉄沿線御案内（昭和戦前期）】

昭和戦前期の瀬戸電気鉄道（現・名鉄瀬戸線）の沿線案内図（路線図）で、この時期は名古屋・堀川（後に廃止）〜瀬戸（現・尾張瀬戸）間を結んでいた。左側の名古屋市内に比べて、右側の瀬戸市内がたっぷりと広く描かれているのが特徴である。こちら側には瀬戸市と藤岡村（現・豊田市）を結んで、物資を運んでいた空中ケーブル「尾三索道」があったが、これは瀬戸電鉄の創設者、加藤杢左衛門が1924（大正13）年に建設したものである。名古屋市内では、当時の起終点駅である堀川駅、復活した東大手駅などと、現在の起終点駅である栄町との位置関係がよくわかる。所蔵：生田 誠

は相対式ホーム2面2線を有する地上駅となっている。この駅は昭和時代に新しく誕生した駅であり、両隣の水野駅、瀬戸市役所前駅との距離はそれぞれ0.7キロと短くなっている。

◎瀬戸市役所前駅

現在、瀬戸市役所の最寄り駅となっているこの駅は、1905（明治38）年4月、瀬戸自動鉄道時代に追分駅として開業している。1958（昭和33）年1月、現在の駅名である「瀬戸市役所前」に改称している。駅の所在地は瀬戸市西追分町であり、現在の駅の

瀬戸市役所前駅。◎1965（昭和40）年　提供：名鉄資料館

構造は相対式ホーム2面2線を有する地上駅で、無人駅となっている。瀬戸市役所は、南側を走る国道155号を渡った場所に置かれている。一方、駅の北側にある公立陶生病院とは歩行者専用連絡通路で結ばれている。

◎尾張瀬戸駅

瀬戸線の終着駅である尾張瀬戸駅は1905（明治38）年4月、古からの瀬戸町の中心地に開業している。当初の駅名は「瀬戸」であり、1921（大正10）年2月、現在の尾張瀬戸駅に改称した。2001（平成13）年4月、駅は東側に移転し、現駅舎が誕生した。駅の構造は島式ホーム1面2線を有する地上駅である。なお、瀬戸駅を名乗る駅は山陽本線に1891（明治24）年に開業した瀬戸駅（岡山市）が存在する。

尾張瀬戸駅の所在地は瀬戸市山脇町。現在の瀬戸市は1892（明治25）年に瀬戸村から瀬戸町に変わり、1929（昭和4）年に市制を施行して誕生している。1932（昭和7）年から、街ではせともの祭が開催されており、この尾張瀬戸駅の駅前周辺が、毎年9月に開催される祭りの会場となっている。なお、瀬戸線の貨物営業は1978（昭和53）年の2月で廃止され、翌月架線電圧は1500Vに昇圧した。

瀬戸電気鉄道により1911（明治44）年10月に開業。瀬戸で作られ貨物列車で運ばれた陶磁器を堀川の舟運を利用して港に運んだ。写真のモ700形は1927（昭和2）年登場の旧名古屋鉄道デボ700形で1978年の瀬戸線近代化に伴い揖斐線・谷汲線へ転出した。◎堀川　1970（昭和45）年11月18日　撮影：荻原二郎

終点の堀川駅に停車中の3700系。堀川駅は文字通り堀川（名古屋城築造のために掘られた運河）の脇にあった。トラック輸送未発達の時代は、堀川の水運と瀬戸線貨車の連携による貨物輸送も当駅経由で行われた。◎堀川　1976（昭和51）年1月　提供：名鉄資料館

堀川駅で「外堀区間さよなら電車発車式」。瀬戸線の堀川〜土居下間は名古屋城の外堀を走り、お堀電車と親しまれた。瀬戸線の栄町乗入れ工事を開始するため、同区間は廃止された。◎堀川　1976（昭和51）年2月14日　提供：名鉄資料館

本町橋の下にあった有名なガントレット（搾線）。橋の下の幅が狭いので、複線でありながら実質的には単線と同じで、分岐器を省略。写真は本町駅から撮影。
◎本町〜堀川　1972（昭和47）年6月
撮影：田中義人

名古屋城外濠区間を行くモ750形の特急尾張瀬戸行き。特急は大津町で折り返し、終点堀川までは昼間は40分間隔だった。大津町で特急は上り線堀川方へ引き上げた後に下り線に転線し尾張瀬戸へ向かった。◎大津町〜本町
1975（昭和50）年5月21日　撮影：長渡 朗

瀬戸線の木造電車2233号。この大津町駅は名古屋城の外濠にあり、愛知県庁、名古屋市役所や国の出先機関が近く、市電大津橋電停も近く乗り換えに便利だった。土居下〜大津町〜堀川間は1976（昭和51）年2月に廃止。
◎大津町　1959（昭和34）年3月25日　撮影：野口昭雄

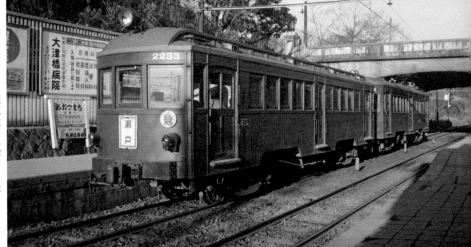

3700系（モ3709-ク2709）の準急尾張瀬戸行き。HL車3700系は1973（昭和48）年に瀬戸線近代化のために転入し、ドア間転換クロスシート、塗装もスカーレットに白帯となった。名古屋城外濠のこの区間は1976年2月に廃止。現在では廃線跡は樹海に埋もれている。◎大津町　1975（昭和50）年5月21日　撮影：長渡 朗

雪景色のお堀の中を走る特急瀬戸行きが半径60mの最急カーブを曲がる。瀬戸線では1966（昭和41）年から特急が走り始めた。◎大津町〜土居下　1975（昭和50）年頃　提供：名鉄資料館

お堀の中、半径60mの急カーブを曲がる3700系。1973（昭和48）年に瀬戸線輸送力増強のため本線から転入し、瀬戸線車両を本線並みに大型化した。◎大津町〜土居下　1975（昭和50）年頃　提供：名鉄資料館

名古屋城を背景に3780系4連が走る。横では高架化工事が始まっていた。東大手〜森下間の高架化が完成したのは1990（平成2）年。◎東大手〜清水　1987（昭和62）年頃　提供：名鉄資料館

準急栄町行きはこの手前で地下線に入る。「お堀電車」のセトデンは近代路線へと変貌した。◎清水〜東大手　1984（昭和59）年6月6日　撮影：安田就視

名古屋城の南東をぐるりと大きくカーブして進む名鉄瀬戸線の列車。南側を並んで走っていた、名古屋市電は既に廃止されていて、この区間の瀬戸線も廃止される日を待っていた。左手には愛知県庁、名古屋市役所の姿が見えており、建設中のビルもある。現在は外堀通りの上を名古屋高速都心環状線が走っており、周囲の風景も大きく変わっている。◎1976（昭和51）年2月3日　提供：朝日新聞社

瀬戸線を走っていたモ700形
（旧名古屋鉄道デボ700）の喜
多山行き。1978年の瀬戸線
昇圧後は転出した。◎大曽根
1971（昭和46）年10月25日
撮影：荻原二郎

1927（昭和2）年に瀬戸線の前
身瀬戸電気鉄道に登場したデ
キ200形202。登場時はデキ1
形で日本車輌で2両製造され
た。登場以来瀬戸線大曽根〜
尾張瀬戸間で貨物列車を牽引
していたが、1978年の瀬戸線
貨物列車廃止、1500V昇圧で
廃車された。◎大曽根　1974
（昭和49）年3月30日　撮影：
阿部一紀

瀬戸線3700系（ク2707－モ
3707）。3700系は1957（昭和
32）年から木造車の台車、機
器を流用して登場し、1973年
に瀬戸線近代化のため600V
用に降圧のうえ瀬戸線に転属
した。◎大曽根　1974（昭和
49）年3月30日　撮影：阿部
一紀

瀬戸線モ703と大津町行き特急モ904。モ700形は1927（昭和2）年登場の旧名古屋鉄道デボ700形で1978年の瀬戸線近代化に伴い揖斐線・谷汲線へ転出。左は瀬戸線特急用としてスカーレット塗装になったモ900形で、もと知多鉄道デハ910形。
◎大曽根　1974（昭和49）年3月30日　撮影：阿部一紀

地平時代の大曽根駅。駅舎右側に高架線が建設された。写真は大津町～尾張瀬戸間で1966（昭和41）年から特急として運行されたク2320（2324）-モ900。ドア間転換クロス、パノラマカーと同様のスカーレット塗装でミュージックホーンを鳴らして快走した。◎大曽根　1975（昭和50）年5月21日　撮影：長渡 朗

1983年8月に高架化された大曽根駅に進入する3770系（先頭はク2775）の準急栄町行き。瀬戸線は1978年8月、東大手～栄町間が地下線となり中心部の栄町まで開通したが、それに備え1977（昭和52）年に3770系は3780系とともに瀬戸線に入線した。◎大曽根 1984（昭和59）年6月6日 撮影：安田就視

電車用ホームが2本と、貨物用の側線がたくさんあった。ホームの長さは電車2両分だが、屋根があり、終着駅らしい風格だった。◎尾張瀬戸 1972（昭和47）年12月 撮影：田中義人

尾張瀬戸駅は貨物輸送が盛んで、貨車がたくさん留置してあった。この当時、大曽根～尾張瀬戸間で3往復の貨物列車が運行されていた。◎尾張瀬戸 1974（昭和49）年11月 撮影：田中義人

木造上屋のあった尾張瀬戸駅に停車中のモ900（901）-ク2300の準急堀川行き。右側には貨物列車と牽引するデキ202が見える。瀬戸線貨物列車は大曽根で国鉄（現・JR）に中継されたが1978（昭和53年）年3月に廃止された。
◎尾張瀬戸　1973（昭和48）年9月17日　撮影：安田就視

大正ロマンあふれる尾張瀬戸駅。この駅舎は1925（大正14）年に建築された二代目で2001（平成13）年に取り壊されたが、現在では瀬戸蔵ミュージアムにモ754とともに復元保存されている。1973年NHK大河ドラマ「国盗り物語」菊人形展の看板がある。◎尾張瀬戸　1973（昭和48）年9月17日　撮影：安田就視

6650系の2次車となる増備車は外観デザイン・内装が一新され、1次車の6650系と区分けするため、6750系として登場した（後に6650系も6750系に統一された）。登場時から4両固定編成だったが、喜多山検車区の検査作業・曲線ホームでの車掌の安全確認に対応するため、編成中間に簡易運転台と車掌室が設置された。さよなら運転は2011（平成23）年2月20日に実施され、1次車よりも一足早く現役引退となった。◎三郷～水野 2008（平成20）年8月22日 撮影：寺澤秀樹

冷房付きHL車の3780系は1978（昭和53）年の1500V昇圧・栄町乗り入れに際し、全車が瀬戸線に転入、サービス向上に貢献した。およそ18年間にわたり瀬戸線で活躍を続けてきたが、本線からの6000系の転入により廃車が進み、1996（平成8）年5月26日にさよなら運転が行われた。3780系の廃車により1500V区間からHL車が姿を消した。◎瓢箪山～小幡 1996（平成8）年5月26日 撮影：寺澤秀樹

喜多山検車区の夜の風景。この日は終列車後に3780系の廃車回送があり、普段は休んでいることの多いデキ376がパンタグラフを上げた状態で待機していた。◎喜多山 1995（平成7）年5月 撮影：寺澤秀樹

4章
廃線

◎挙母線　上挙母　1973（昭和48）年3月3日　撮影：清水 武

小坂井支線

路線DATA

起点：伊奈
終点：小坂井
開業：1926（大正15）年4月1日
廃止：1954（昭和29）年12月25日

名鉄の前身のひとつ、愛知電気鉄道（愛電）が豊橋方面への延伸を果たしていた時代、当時の豊川鉄道（現・JR飯田線）との連絡、乗り入れのために設けた路線が存在した。1926（大正15）年4月、愛電が東岡崎〜小坂井間を開通。1927（昭和2）年6月、伊奈〜吉田（現・豊橋）間が延伸して、伊奈〜小坂井間の本線の一部が支線扱いとなった。これが名古屋本線の伊奈駅と豊川鉄道の小坂井駅の間を結ぶ、全長1.2キロの小坂井支線で、途中に駅はない。小坂井支線は太平洋戦争中の1944（昭和19）年6月に単線化されている。

この間、愛電は名岐鉄道と合併して名鉄に変わり、豊川鉄道は1943（昭和18）年8月に国有化されて、国鉄の飯田線となっている。また、名鉄は1945（昭和20）年2月、豊川市内線として国府〜市役所前（現・諏訪町）間を開通。1954（昭和29）年12月には新豊川（現・豊川稲荷）間を開業して、豊川線に改称している。この豊川線開通により、役割を終えた小坂井支線は廃止となった。愛電・名鉄の小坂井駅が存在していたのは、1926年から1954年までの28年間である。

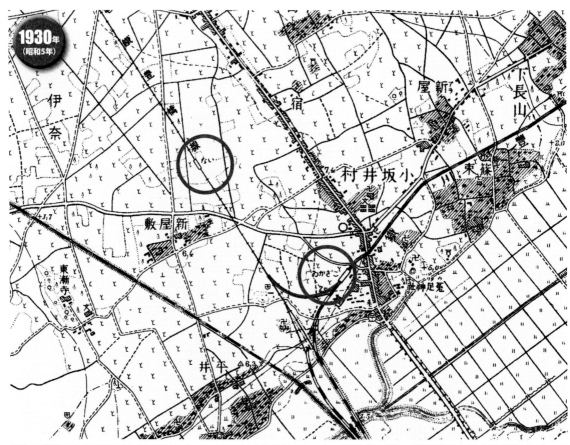

現在の豊川市小坂井町付近の地図であり、この当時は小坂井村であった。豊川鉄道（現・JR飯田線）には小坂井駅が見え、ここには愛知電気鉄道豊橋線が乗り入れており、一時は伊奈駅との間を結ぶ小坂井支線が存在した。地図上の左下（南西）を通る東海道本線には、西小坂井駅は見えない。1945（昭和20）年6月に開設された西伊奈信号所が、1948（昭和23）年8月に駅に昇格して、西小坂井駅となったものであり、かつては富士紡績小坂井工場に至る専用線が存在した。

小坂井支線（伊奈〜小坂井間の短絡線）経由で乗入れた飯田線豊川駅の3ドアロングシートの名鉄モ3550（3556）。小坂井支線は名鉄豊川線全通に伴い名古屋方面から短絡線でもある同線を利用することとなり、1954（昭和29）年12月に廃止された。◎豊川 1952（昭和27）年7月31日 撮影：荻原二郎

廃止間近の小坂井支線を走るモ800形。豊川線が出来るまでは名古屋方面から豊川へのメインルートで、小坂井から豊川鉄道（→国鉄飯田線）に乗り入れた。戦時中に単線化され、1954（昭和29）年豊川線全通に伴い廃止された。◎伊奈〜小坂井 1954（昭和29）年　提供：名鉄資料館

安城支線

路線DATA

起点：南安城

終点：安城

開業：1939（昭和14）年12月25日

廃止：1961（昭和36）年7月30日

　戦前から戦後にかけて、国鉄（現・JR）の東海道本線と連絡する安城（開業時は新安城）駅と、西尾線の南安城駅を結ぶ名鉄の短い路線が存在した。これが安城支線であり、もともとは1939（昭和14）年12月に碧海電気鉄道が貨物線として開業したものである。その後、碧海電気鉄道は名鉄と合併し、安城支線となって、1950（昭和25）年10月から11月にかけて開催された、愛知国体に合わせる形で旅客営業を行った。さらに、安城支線は翌年3月、新安城駅を安城駅と改称して、約10年間にわたり旅客営業を行った後、1961（昭和36）年7月に廃止された。

　この安城支線はわずか1.1キロで、当初から貨物輸送が目的であり、途中駅は置かれなかった。南安城駅を出ると西尾線に沿って北上し、ゆるやかにカーブして今度は東海道本線の南側を（新）安城駅に向かうことになる。西尾線には北安城駅が存在しており、この線が廃止されても、東海道本線との連絡にはさほど不便さはなかったようだ。

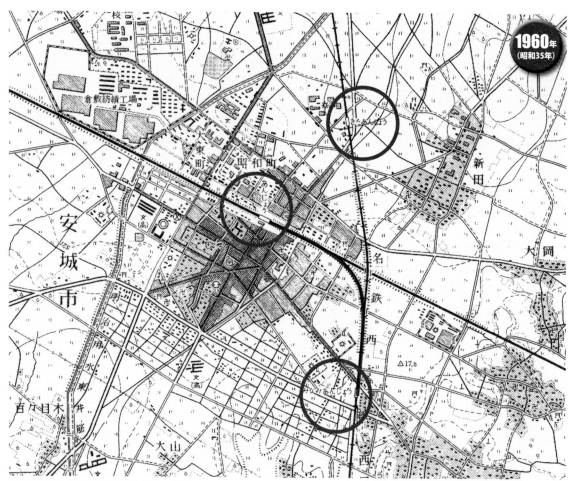

名鉄西尾線と東海道本線がX字形に交差する、安城市付近の地図である。西尾線には北安城、南安城の2駅が置かれ、南安城駅と東海道本線の安城駅を結ぶ安城支線が存在している。安城駅の左上（北西）には倉敷紡績工場があり、その北には現・安城農林高校が見える。また、安城駅左側（西側）の安城公園付近に見える安城市役所は現在の位置よりやや北側にあったことがわかる。さらに西側には明治用水東井筋が流れており、市内には「明治」の付いた地名や施設が多く存在している。

昇圧前々日の安城支線を走るモ85号。右は西尾線で東海道本線の上を越している。モ85は、もと、名古屋電気鉄道の貴賓車トク2号で、晩年は安城支線専属で活躍し、同線昇圧により廃車となった。
◎安城～南安城　1960（昭和35）年3月25日　提供：名鉄資料館

安城駅とモ85号。国鉄安城駅の片隅に安城支線の安城駅があった。安城支線は西尾線の貨車を国鉄安城駅へ輸送する貨物支線として建設された経緯があり、モ85が貨車数両を牽引する姿も見られた。
◎安城　1960（昭和35）年3月25日　提供：名鉄資料館

平坂支線

路線DATA

起点：西尾

終点：港前

開業：1914（大正3）年10月30日

廃止：1960（昭和35）年3月27日

西尾市の中心部にある西尾駅から同市西部の港前（みなとまえ）駅まで、約4.5キロの区間を走っていた名鉄の平坂支線。その名称は、路線があった当時の幡豆郡平坂町（村）に由来している。この平坂町には江戸時代に西尾藩が開いた平坂港があり、三州瓦の積出港としての役割を担っていた。1924（大正13）年に平坂村が町制を施行して誕生した平坂町は、1954（昭和29）年8月に西尾市に編入されるまで存在した。

平坂支線の歴史をたどれば、1914（大正3）年10月、西尾鉄道時代に平坂線の西尾〜平坂臨港間が開通。1916（大正5）年に平坂臨港駅が廃止されて、港前（みなとさき）駅と統合された。このときには、起点となる西尾駅、終着駅の港前駅のほかに羽塚駅、

平坂駅という2つの中間駅が存在した。この線のルートは、西尾駅の南側で西尾線と交差して東西に走る、現在の愛知県道43号とほぼ重なっている。

その後、西尾鉄道は愛知電気鉄道（愛電）と合併して西尾線となり、1928（昭和3）年10月には軌間を762ミリから1067ミリに改めて、電化されている。1929（昭和4）年2月には、西尾〜羽塚間に住崎駅が開業した。さらに愛電から名鉄に変わると平坂線と呼ばれ、一時は平坂駅を平坂口駅、終着駅の港前駅を平坂駅と改称している。1949（昭和24）年12月、再び終着駅が港前駅に戻り、1960（昭和35）年3月に全線が廃止された。港前駅の跡地は現在、バス停となっている。

一方、この平坂町には、町の西側を南北に貫く競合していた三河線（廃止路線）も立体交差で存在した。こちらは1926（大正15）年9月、三河鉄道の大浜港（現・碧南）〜神谷（後の松木島）間が開業。1990（平成2）年7月にレールバスになった後、2004（平成16）年4月に廃止されている。この路線の三河平坂駅は、平坂支線の平坂口駅付近に置かれていた。

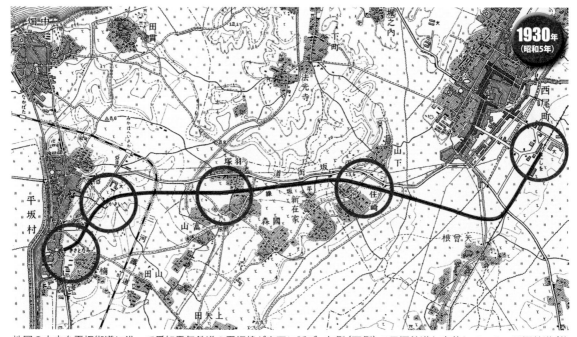

地図の中央を平坂街道に沿って愛知電気鉄道の平坂線が東西に延び、左側（西側）で三河鉄道と交差している。三河鉄道（後の名鉄三河線）には中畑駅、三河平坂駅、三河楠駅が置かれているが、この区間は廃止されて現在は存在しない。一方、西尾駅から分岐した平坂線には住崎駅、羽塚駅、平坂（後に平坂口）駅、港前駅が置かれている。もと西尾鉄道の平坂線は、愛知電気鉄道（現・名鉄）に買収されて戦後に平坂支線となり、1960（昭和35）年3月に西尾〜港前間の全線が廃止されている。

平坂支線の平坂口から羽塚に向かう前面展望。三河線（三河平坂〜三河楠）と立体交差。もとが、西尾鉄道と三河鉄道で平坂の旅客を争奪する競合関係にあったので交差部に駅は開設されなかった。
◎平坂口〜羽塚　1960（昭和35）年3月19日　提供：名鉄資料館

廃止直前の港前駅に停車するモ461号。461はもと、岡崎電気軌道の200形。写真の向こう側が西尾方向。◎港前　1959（昭和34）年10月28日　提供：名鉄資料館

西尾駅の少し南で、西尾線と平坂支線が分岐していた。右にカーブする線路が平坂支線。
◎西尾〜住崎　1960（昭和35）年3月19日　提供：名鉄資料館

岡崎市内線

路線DATA

起点：大樹寺
終点：岡崎駅前
開業：1898（明治31）年12月28日
廃止：1962（昭和37）年6月17日

岡崎市内の路面電車として、市民の足となっていた名鉄岡崎市内線は、1898（明治31）年12月に岡崎馬車鉄道が開業した馬車鉄道路線がルーツとなっている。このときには、岡崎停車場（後の岡崎駅前）〜明大寺間が開業。1907（明治40）年6月に康生町まで延伸した。その後、1911（明治44）年10月に岡崎電気軌道へ社名を変更し、1912（大正元）年9月に電車の運転を開始し、軌間も762ミリから1067ミリに改めている。さらに1923（大正12）年9月、康生町〜岡崎井田間が延伸した。この後、三河鉄道の所属

と変わり、最終的には名鉄の岡崎市内線となった。

この岡崎市内線は、国鉄（現・JR）東海道本線の岡崎駅と連絡する岡崎駅と、拳母線と接続する岡崎井田を結ぶ5.8キロの軌道線だが、北側では、拳母線の岡崎井田〜大樹寺間（0.5キロ）が路面電車の運行であり、岡崎市内線と一体化されていた。また、南側では、岡崎駅前と福岡町の間を結ぶ福岡線（2.5キロ）と結ばれて、岡崎市内線の路面電車が終着駅の福岡町まで運行されていた。この大樹寺〜岡崎駅前〜福岡町間の全長8.8キロの路線は、1962（昭和37）年6月に廃止された。

岡崎市内を南北に通っていた岡崎市内線は、東岡崎駅の西側で名古屋本線と交差し、さらに乙川の上に架かる殿橋を渡り北上していた。岡崎市内線は現在の県道39号岡崎足助線の上を走っており、殿橋から南側の道路は「電車通り」と呼ばれていた。

名鉄本線のガードをくぐった（国鉄）岡崎駅前行き54号。このガードの向こう（北）側に東岡崎駅前電停があったが、東岡崎駅（写真右方）とは300mくらい離れていた。54号は、もと岐阜市内線の戦災復旧車。
◎東岡崎駅前〜大学下　1962（昭和37）年　提供：名鉄資料館

地図の下（南側）、東京方面から進んできた東海道本線は、この岡崎駅の手前では北に向かって走っており、駅の北側では大きくカーブして、西寄りに方向を変えることとなる。この当時は、愛知県道483号上を岡崎電気軌道（後の名鉄岡崎市内線）が走っていた。一方、上（北側）には愛知電気鉄道豊川線（現・名鉄本線）が走っており、岡崎電気軌道と交差する付近に東岡崎駅が置かれている。西側には、矢作川の流れがあり、歴史上も有名な矢作橋が架けられている。

乙川に架かる殿橋を渡る貨物列車。昔は殿橋の南東に貨物駅があるなど、市内線を使った貨物輸送が行われた。デワ10形（2両）は、岡崎市内線の貨物輸送用に製造された電動貨車。◎岡崎殿橋　1962（昭和37）年　提供：名鉄資料館

岡崎随一の繁華街・康生町の電停に停車中の福岡町行き531号。岡崎市内線は、ここから岡崎駅前までが複線だった。モ530形は大正時代に岡崎電気軌道が製造した岡崎市内線唯一（2両が製造された）の大型車だった。◎康生町　1962（昭和37）年　提供：名鉄資料館

岡崎市内線（軌道）の終端。ここから先、左へカーブする線路は福岡線（鉄道）だが、市内線の電車が直通する。右へ向かう線路は、国鉄岡崎駅と貨車を授受するための連絡線。左の日本通運の建物は昔の西尾鉄道岡崎新駅の駅舎。
◎岡崎駅前　1962（昭和37）年1月6日　提供：名鉄資料館

正式名称は岡崎井田であるが、電車の行き先や電停には「井田町」と書いてあった。終点の大樹寺まで0.5kmであるが、約半数の電車は、ここで折り返し運転を行った。◎岡崎井田　1961（昭和36）年1月20日　提供：名鉄資料館

岡崎市内線の最終日。「63年間ありがとう」の装飾電車。岡崎市内線の電車は、最後までこのような木造2軸の手ブレーキ車が主力だった。左が市内線の駅舎・事務所。◎岡崎駅前　1962（昭和37）年6月16日　提供：名鉄資料館

岡崎市内線の最終日。福岡町
へ直通する電車と、ここで折り
返す電車、名残を惜しむ人たち
が集まった。右の建物が岡崎
市内線の駅舎兼事務所で、乗務
員もここで交代した。
◎岡崎駅前　1962（昭和37）年
6月16日　提供：名鉄資料館

伊賀八幡宮の鳥居の前を走る
47号。この47号は、岡崎電気
軌道の1号電車が改番された
もの。八幡社を出発し、岡崎
駅前に向かう。
◎八幡社　1959（昭和34）年
7月28日　提供：名鉄資料館

挙母線と連絡する岡崎市内線
の大樹寺駅でモ58が停車して
いる光景。岡崎市内線は市民
の足として親しまれた。
◎大樹寺　1957（昭和32）年

福岡線

路線DATA

起点：岡崎駅前
終点：福岡町
開業：1951（昭和26）年12月1日
廃止：1962（昭和37）年6月17日

　福岡線は、太平洋戦争中に不要不急路線として休止となっていた西尾線（岡崎新〜西尾間）のうち、岡崎駅前〜福岡町間を戦後の1951（昭和26）年12月に復活したものである。

　岡崎駅前で接続する岡崎市内線と直通運転が行われていたが、1962（昭和37）年6月に廃止され、廃止後の路線跡はバス専用道路に変わった。しかし、こちらも2016（平成28）年3月に廃止された。

　終着駅となっていた福岡町駅は、西三軌道（蒸気軽便鉄道）が岡崎新〜西尾間を開通した際、土呂駅として開業している。その後、西尾鉄道に社名変更し、愛知電気鉄道に合併され、名古屋鉄道西尾線の駅となった。この西尾線は1929（昭和4）年4月、762ミリから1067ミリに改軌されている。1943（昭和18）年12月に不要不急路線として休止されていたものを、戦後に復活している。

　現在は岡崎市の一部となっている額田郡福岡町は、1878（明治11）年に土呂村、萱園村、高須村が合併して成立した福岡村がもとになり、上地村と合併した後、1893（明治26）年に町制を施行して誕生している。1955（昭和30）年に岡崎市に編入された。町内にある土呂八幡宮は、奈良時代の創建と伝わる古社で、1619（元和5）年に建立された本殿は、国の重要文化財に指定されている。

福岡町駅に残っていた高床ホーム。旧西尾線時代は、ここに土呂駅があり、そのホーム跡が残っていた。
◎福岡町　1959（昭和34）年7月　提供：名鉄資料館

福岡線は岡崎駅前と福岡町を結ぶ2.5kmの路線で1951（昭和26）年12月に開通した。これは戦時中に廃止された西尾線（西三軌道→西尾鉄道）の復活だった。岡崎市内線と直通運転したが1962（昭和37）年6月に廃止された。◎福岡町　昭和30年代前半　撮影：荻原二郎

休止された旧西尾線の土呂駅が、福岡線の福岡町駅として復活し、岡崎市内線が乗り入れた。◎福岡町　1962（昭和37）年　提供：名鉄資料館

国鉄東海道本線の下をくぐる531号。戦時中に休止した旧・西尾線の一部が福岡線として復活し、岡崎市内線の電車が直通した。◎東若松〜西若松　1962（昭和37）年頃　撮影：桜井儀雄

上記の写真と同じ位置、廃線跡のバス専用道を走る福岡町行き名鉄バス。東海道本線の313系と交差した。◎2015（平成27）年6月　撮影：田中義人

1962（昭和37）年3月、廃止される直前の福岡線、福岡町駅のホーム。停車しているのは名鉄モ50形電車の62号で、このタイプは岡崎電気軌道時代に造られて、戦後も岡崎市内線で走っていた。福岡線の終着駅だった福岡町駅は1911（明治44）年10月、西尾鉄道の前身である西三軌道が土呂駅として開業させ、戦後に名鉄福岡線の駅として復活していた。◎1962（昭和37）年3月　提供：朝日新聞社

拳母線

路線DATA

起点：岡崎井田

終点：上拳母

開業：1924（大正13）年12月27日

廃止：1973（昭和48）年3月4日

拳母線は岡崎市内線と接続する岡崎井田駅から、三河線と接続する上拳母駅まで、全長11.5キロの路線である。沿線の南側は岡崎市、北側は豊田市であり、線名の「拳母」は豊田市の前名である拳母市（町）に由来している。

1924（大正13）年12月、岡崎電気軌道により岡崎井田〜大樹寺〜門立間（後の門立支線を含む）が開業。岡崎電気軌道から三河鉄道に変わった後の1929（昭和4）年12月、三河岩脇〜上拳母間が開業し、岡崎市内線（岡崎井田まで）を含む、岡崎駅前〜上拳母間が岡崎線、三河岩脇〜門立間が門立支線とされた。さらに名鉄の所属となった後、1948（昭和23）年5月に岡崎線から拳母線に変わっている。1962（昭和37）年6月、岡崎井田〜大樹寺間が廃止。

残る区間も1973（昭和48）年3月に廃止された。この路線の一部は、国鉄（現・JR）岡多線（現・愛知環状鉄道線）の建設ルートとして使用されている。

拳母線の中間駅のうち、岡崎市内に存在した細川（開業時は上市場）、三河岩脇、八ツ木、岩津、百々、大樹寺の6駅は、かつての額田郡岩津町に置かれていた。このあたりには岩津村、大樹寺村、奥殿村、細川村が存在し、1906（明治39）年にこの4村が合併して、新たに岩津村が成立している。1928（昭和3）年に町制を施行して岩津町となり、1955（昭和30）年に岡崎市に編入されるまで存在した。なお、駅名になっている「八ツ木」「百々」も以前に存在していた村名である。この沿線には江戸時代に創建された岩津八幡宮、徳川（松平）家の菩提寺となっていた浄土宗の寺院、大樹寺がある。

なお、大樹寺駅から出ていたユニチカ岡崎工場への引込線もかつて存在し、国鉄（現・JR）岡多線（後に愛知環状鉄道に引き継ぎ）に継承されたが、2000（平成12）年に、トラック輸送に転換された。

大樹寺での岡崎市内線と拳母線の接続風景。右のモ1080形（モ1083）はもと三河鉄道のデ100形。左の岡崎市内線モ65は旧美濃電気鉄道岐阜市内線の単車。◎大樹寺　撮影：荻原二郎

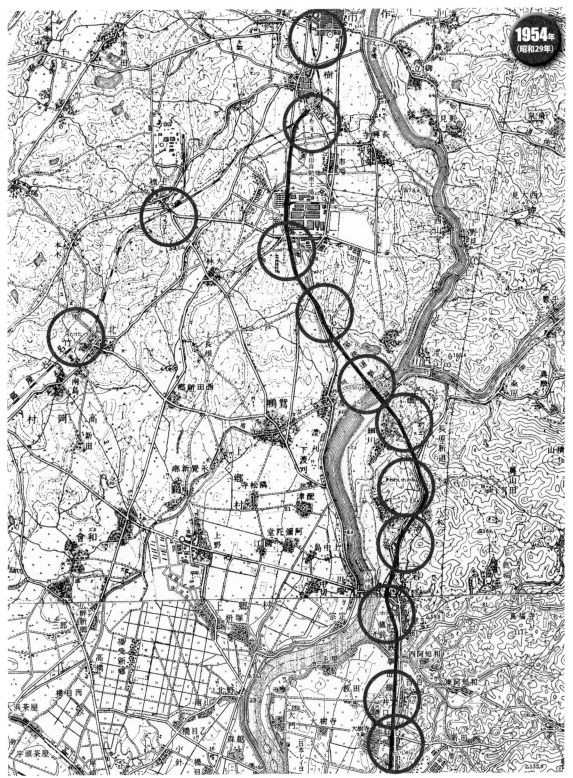

1973（昭和48）年に全線が廃止された、拳母線沿線の地図である。最も下（南側）に見える駅は大樹寺駅で、百々駅、岩津駅、八ツ木駅、三河岩脇駅・・・と続いてゆく。この拳母線は、岡崎電気軌道が大正時代に南側を開業し、三河鉄道に変わった後の1929（昭和4）年12月に北側を開通させた岡崎線が戦後、名鉄の拳母線となったものである。なお、この地図は1954（昭和29）年に作成されているが、上の部分は戦前の地図を修正したものであり、文字が右書きになっている。

1937（昭和12）年12月に開業した三河鉄道岡崎線の三河豊田駅は戦後、名鉄拳母線の駅に変わる。まさにこの写真に写されているように、トヨタ自動車工業の社員のためにあったような駅であり、1959（昭和34）年10月には「トヨタ自動車前」に駅名を改めた。その後、拳母線は廃止され、現在は愛知環状鉄道線に三河豊田駅が置かれている。◎1956（昭和31）年5月　提供：朝日新聞社

岩津駅は岩津天満宮の最寄駅で、駅舎の正面入口は天神社を模して作られた。◎岩津　1973（昭和48）年　提供：名鉄資料館

1937（昭和12）年トヨタ自動車の最初の工場（挙母工場→現・本社工場）建設に伴い三河豊田駅を新設。後にトヨタ自動車前と改称。トヨタへの通勤客で賑わった。現在この跡地に愛知環状鉄道の三河豊田駅がある。◎トヨタ自動車前　1973（昭和48）年１月26日　提供：名鉄資料館

挙母線の矢作川橋梁（全長346m）を走
行する3730系電車。廃止前年7月の
豪雨により橋脚が被災し不通となった
が、速度制限付きながらも復旧させ、
約半年後に廃止された。◎渡刈～細川
1973（昭和48）年1月26日　提供：名
鉄資料館

徳川家康ゆかりの大樹寺の最寄
え駅だったが岡崎市内線と挙母線の乗り換
（昭和37）年に廃止、それ以後は
バスと電車の接続駅となったが、
1973（昭和48）年に廃止された。
◎大樹寺　1961（昭和36）年1月
20日　提供：名鉄資料館

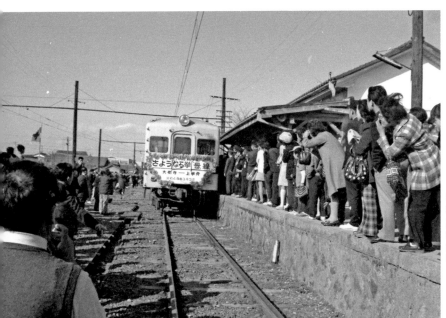

挙母線は、国鉄岡多線（現・愛知
環状鉄道）建設に伴い廃止され
た。営業最終日の大樹寺駅には
名残を惜しむ人たちが集まっ
た。◎大樹寺　1973（昭和48）
年3月3日　提供：名鉄資料館

門立支線

路線DATA

起点：三河岩脇

終点：門立

開業：1924（大正13）年12月27日

廃止：1939（昭和14）年10月3日

　門立（もだち）支線は、名鉄拳母線の三河岩脇駅と門立駅を結んでいたわずか1.5キロの盲腸路線である。途中駅としては細川駅が存在した。この門立支線はもともと、1924（大正13）年12月に岡崎電気軌道が開業した路線（本線）であった、岡崎井田〜大樹寺〜門立間の一部を構成していた。その後、岡崎電気軌道が三河鉄道に吸収合併され、1929（昭和4）年12月に三河岩脇〜上拳母間が開業。岡崎駅前〜上拳母間は岡崎線（本線→後の拳母線）の一部となり、本線から切り離された三河岩脇〜門立間は、門立支線と呼ばれるようになった。1938（昭和13）年5月に休止、1939（昭和14）年10月、この門立支線は廃止された。

　終着駅となる門立駅は、岡崎市の北部にあたり、豊田市に近い場所に置かれていた。現在は岡崎市細川町に、字名として「門立」が存在する。巴川の南側に位置しており、愛知県道39号が通っている。

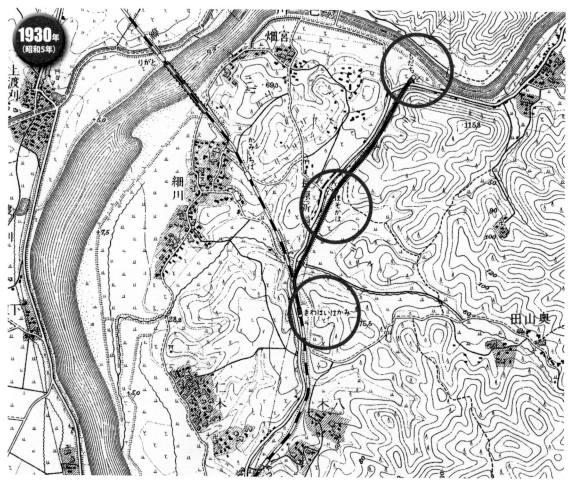

地図の下（南側）から上ってきた三河鉄道の岡崎線（後の名鉄拳母線）は、中央に見える三河岩脇駅で東西に分かれており、門立駅に至る門立支線が存在していた。このあたりは額田郡の岩津町（村）であり、1955（昭和30）年に岡崎市に編入されている。わずか1.5キロの門立支線ではあるが、途中駅として細川駅が存在していた。終着駅であった門立駅は巴川の畔に位置しており、対岸は現在、豊田市になっている。門立支線と並行して走っている道路は、現在の愛知県道39号岡崎足助線である。

渥美線

路線DATA

起点：新豊橋

終点：黒川原

開業：1924（大正13）年1月22日

譲渡：1954（昭和29）年10月1日（新豊橋～三河田原）

廃止：1954（昭和29）年12月19日（三河田原～黒川原）

　現在の豊橋鉄道渥美線は、その大部分が大正時代に渥美電鉄が建設し、名鉄が渥美線として営業してきた路線である。名鉄は1940（昭和15）年9月に渥美電鉄を合併し、1954（昭和29）年10月に新豊橋～三河田原間を豊橋鉄道に譲渡した。この豊橋鉄道は現在、名鉄の連結子会社となっている。一方、太平洋戦争中の1944（昭和19）年6月に休止された三河田原～黒川原間については、名鉄に所属したまま、1954年11月に廃止された。

　もともと、渥美半島を縦断する鉄道として設立された渥美電鉄は、1924（大正13）年1月にまず高師～豊島間を開業。続いて同年3月に豊島～神戸間、4月に師団口（後の高師口）～高師間、6月に神戸～田原（現・三河田原）間が延伸した。1925（大正14）年5月に新豊橋（初代）～師団口間が開業。1927（昭和2）年10月に豊橋駅前～新豊橋間が開通して、現在の豊橋鉄道渥美線の路線が完成している。一方、

名鉄時代に存在した三河田原～黒川原間は1926（大正15）年4月に開業している。

　戦前においては、豊橋市には陸軍の第15師団が駐屯しており、その駐屯地であった高師村（1932年に豊橋市に編入）には師団口（現・愛知大学前）駅、司令部前駅（後に廃止）が置かれていた。また、南栄駅が開業時（1937年）には、陸軍病院前駅を名乗っていたように、この渥美線は軍事色の強い路線でもあった。また、渥美半島先端の伊良湖畔に陸軍技術研究所が存在したことから、当時の終着駅だった黒川原駅から先への延伸計画があり、黒川原～三河福江～堀切間を国鉄線として新設する工事も始まっていた。その後に渥美線が国有化されるプランもあったが、どちらも終戦により実現されなかった。

　名鉄の渥美線は、現在の豊橋市および田原市を走っていた。現・渥美線の終着駅である三河田原駅はその名の通り、田原市の中心駅で、田原市役所の最寄り駅である。江戸時代には田原藩があり、幕末に家老職をつとめた渡辺崋山は画家として有名である。田原市は2003（平成15）年に田原町と赤羽根町が一緒になって市制を施行して成立し、2005（平成17）年に渥美町を編入して現在の市域となっている。現在の人口は約6万人である。

名鉄渥美線時代の新豊橋駅とサ2281号。この車両は、もと三河鉄道の気動車キ10形。扉横に「車外乗車厳禁」と表示され、英語表記もあるなど、終戦直後の混乱期の輸送を支えたことが分かる。
◎新豊橋　昭和20年代
提供：名鉄資料館

渥美線が名鉄から豊鉄へ譲渡される直前に撮られた写真。モ151＋サ33は、元渥美電鉄の１形＋200形の編成で、東海道本線との並行区間を走る。◎新豊橋〜柳生橋　1954（昭和29）年７月18日　撮影：権田純朗

豊橋鉄道渥美線は渥美電鉄として1924（大正13）年１月に高師〜豊島間が開通。1940（昭和15）年に名古屋鉄道に合併され名鉄渥美線となり、その後、1954（昭和29）年10月に豊橋鉄道渥美線となった。先頭はモ1051。背後は国鉄東海道本線で電化工事中。◎新豊橋　1952（昭和27）年８月１日　撮影：荻原二郎

新豊橋（向こう側）に向かう豊橋鉄道渥美線のモ151（手前）＋ク2281。モ151は元渥美電鉄の１形、ク2281は、もと三河鉄道気動車で、付随車化を経て制御車化された。◎新豊橋〜柳生橋　1959（昭和34）年３月　提供：名鉄資料館

1969（昭和44）年に名鉄から豊橋鉄道に譲渡されたモ1721−モ1771の２両編成。もと名鉄3800系である。柳生橋で豊橋鉄道市内線（新川〜柳生橋）に接続していたが1976（昭和51）年３月、柳生橋支線は廃止された。
◎柳生橋　1975（昭和50）年11月11日　撮影：荻原二郎

生田 誠（いくた まこと）

1957（昭和32）年、京都市東山区生まれ。
東京大学文学部美術史学専修課程修了。産経新聞社東京本社、大阪本社の文化部
ほかに勤務。現在は地域史・絵葉書研究家として、内外の絵葉書の収集・研究および
地域資料の発掘、アーカイブ構築などを行う。河出書房新社、集英社、彩流社、
アルファベータブックス、フォト・パブリッシング等から著書多数。

【写真解説】

清水 武、田中義人、寺澤秀樹、山田 亮

【写真撮影・提供】

名鉄資料館

阿部一紀、小川峯生、荻原二郎、倉橋春夫、権田純朗、桜井儀雄、清水 武、白井 昭、
田中義人、寺澤秀樹、長渡 朗、西川和夫、野口昭雄、安田就視、山田虎雄
朝日新聞社

【絵葉書・沿線案内図提供】

生田 誠

名鉄の支線、廃線
上巻（三河・知多編、瀬戸線）
1960年代〜90年代の思い出アルバム

発行日……………………2020年6月10日　第1刷　　※定価はカバーに表示してあります。

著者………………………生田 誠
発行者……………………春日俊一
発行所……………………株式会社アルファベータブックス
　　　　　　　　　　　　〒102-0072　東京都千代田区飯田橋 2-14-5 定谷ビル
　　　　　　　　　　　　TEL. 03-3239-1850　FAX.03-3239-1851
　　　　　　　　　　　　http://ab-books.hondana.jp/

編集協力…………………株式会社フォト・パブリッシング
デザイン・DTP ………柏倉栄治
印刷・製本………………モリモト印刷株式会社

ISBN978-4-86598-861-1 C0026